Impressum

Unser Buch ist eine Mischung aus Aufforderungen zum Genauschauen, Hilfen und Tipps zum Verstehen und Anregungen zum Selbermachen.
Zur besseren Orientierung gibt es an den Seitenrändern ein **Farbleitsystem**. Die kleinen **Pfeile** (▶) zeigen dir, aus welcher Zeit die Bilder stammen. Mehrere Pfeile sind ein Zeichen dafür, dass die Beispiele verschiedenen Epochen zuzuordnen sind. Eine Epochenübersicht in den entsprechenden Farben befindet sich in den Umschlagklappen.
Das muss man sich einmal vorstellen: Auf der Welt gibt es circa 7 Milliarden Menschen. Und jeder / jede zeichnet oder malt oder modelliert oder fotografiert oder designt einmal im Leben etwas ganz Wichtiges. Einige (30 Millionen lebende Menschen?) machen das ständig und ihr Leben lang. All diese Werke von allen Menschen und aus allen Zeiten einmal auf einem Haufen sehen. – Das wäre was!
Diesem riesengroßen Haufen noch etwas hinzuzufügen, erscheint zunächst ziemlich überflüssig. Wer schaut das noch an?
Nun: Wir sind überzeugt, dass es sich lohnt. Nicht nur, weil man damit weltberühmt werden kann – zumindest in der Klasse –, sondern weil Kunst dir gut tut: selber machen und mitmachen und anschauen.
Was Künstler und Künstlerinnen alles können, lässt sich nicht so einfach festschreiben. Es wird ihnen nämlich immer wieder Neues und Ungeahntes einfallen: Überraschendes, Erfreuendes, Verärgerndes, Peinliches, Schönes, Merkwürdiges, Lustiges ...
Lass es dir nicht entgehen. Sei dabei, wenn Unvorhergesehenes Realität wird.

Nimm dir Zeit für Kunst –
weil Kunst echt gut tut.

Mit Bescheid des Bundesministeriums für Bildung und Frauen für den Unterrichtsgebrauch an nachstehend angeführten Schultypen im Unterrichtsgegenstand Bildnerische Erziehung als geeignet erklärt: GZ BMBF-5.034/0012-B/8/2014 für die 3. und 4. Klasse an Hauptschulen/Neuen Mittelschulen und Allgemein bildenden höheren Schulen – Unterstufe.

Dieses Werk wurde auf Grundlage eines zielorientierten Lehrplans verfasst. Konkretisierung, Gewichtung und Umsetzung der Inhalte erfolgen durch die Lehrerinnen und Lehrer.

NEUE RECHTSCHREIBUNG
Dieses Schulbuch folgt den Bestimmungen der Neuregelung der deutschen Rechtschreibung. Ausnahmen bilden Texte, bei denen künstlerische, philologische, lizenz- oder urheberrechtliche Gründe einer Adaptierung entgegenstehen.

Schulbuchnummer: 115 261

2. Auflage, Nachdruck 2017 (2,01)

Bildquellen: siehe Seite 96
Umschlag und Layout: dabsign; Seitenentwürfe von den Autoren
Satz und Umbruch: Type & Publish KG, Ingrid Eder; www.tundp.at
Druck: MDH-Media, Wien

ISBN 978-3-230-04045-9

Wilhelm Dabringer
Marco Dernovsek
Susanne Erbler
Manfred Wolf

AUGENAUF 2

Verlag Hölder-Pichler-Tempsky GmbH, Wien
www.hpt.at

04 Präsentationstechniken
Layout und Visualisierung

Wie das Buch gestaltet ist: Vier Autoren haben unterschiedliche Ideen, wie ihre Seiten aussehen sollen. Texte und Bilder müssen angeordnet werden. Wohin man was setzt, das bezeichnet man als layouten (auslegen).
Damit alles wie aus einem Guss wirkt, müssen Regeln eingehalten werden.

- Unser Buch ist auf Doppelseiten ausgelegt. Ein neues Kapitel beginnt immer auf einer neuen Seite, das verhindert unattraktive „Restseiten" und ist übersichtlich.

- Wiederkehrende Elemente (Kopfzeile mit Seitenzahl, Fußzeile, Farbleitsystem) bilden den „Rahmen", in dem dann improvisiert werden kann. Diese Elemente sorgen für Ruhe und du kennst dich sofort aus. Sie sollen immer an der gleichen Stelle sein und auf Doppelseiten gespiegelt.

- Für den Fließtext wird eine einheitliche Schrifttype und Schriftgröße gewählt.
- Texte sind mehrspaltig und als Blocksatz gesetzt. Alle oben und unten abschließenden Zeilen sitzen auf einer gedachten Linie.
- Textblöcke und Bilder sollten auch auf gedachten Linien sitzen, das bringt Ruhe und Übersicht.

- Die Bilder sind so gewählt, dass sie den Textinhalt gut veranschaulichen. Sie unterstützen den Denkprozess und die Erinnerungsfähigkeit.

- Farbig unterlegte Textblöcke, farbige Schriften, freigestellte Bilder ➜ und Kontursatz bringen Abwechslung.

?! Visualisieren heißt sichtbar machen, etwas optisch so betonen und herausstellen, dass es Aufmerksamkeit erregt. Beachte das, wenn du Plakate, Zeitungen, Folder, Handouts und Folien gestaltest.

LUST AUF INFO

05

Ein Werbeprofi weiß:
Niemand liest im Vorbeigehen mehr als drei Worte!
Diese drei entscheiden, ob man anbeißt, Interesse zeigt.
Deshalb gilt für Plakat wie Folie das Gleiche:
Nur das Wichtigste deutlich zeigen!
Hier gilt die Regel:
Reduzieren! WENIGER IST MEHR.
Der Informationstext darf dann ausführlicher sein.

Ein Plakat muss sich gegen sein Umfeld behaupten. Es muss auffällig sein, unseren Blick einfangen. Ein geeignetes Bild kann das am besten. Es soll etwas mit dem Inhalt zu tun haben und die Zielgruppe ansprechen. Der Fachbegriff dafür ist EYECATCHER.

?!

06

Schönheit

Spieglein, Spieglein an der Wand …

1

2

3

4

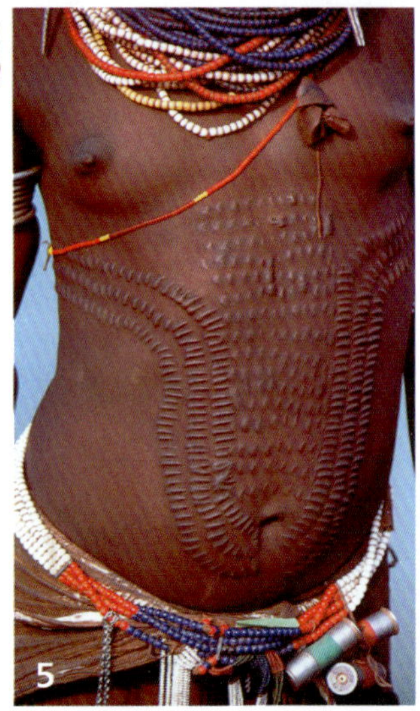
5

6

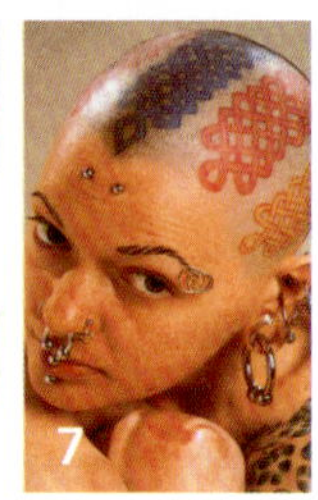
7

?!

1 Nofretete, Büste um 1340 v. Chr.; 2 Hans Baldung Grien (1485–1545): Allegorische Frauengestalt „Eitelkeit“; 3 Jay Cutler: Vize-Mr. Olympia 2001; 4 Geisha, Japan; 5 Narbenzeichnung bei den Karo im Südwesten Äthiopiens; 6 Digital Beauty von Mambos, 2003; 7 Punk 1980er-Jahre 8 Maori-Häuptling, 1977; 9 Kala Kaiwi, Hawai, Körpermodifikationen mit Implantaten; 10 Popstar Michael Jackson, 1977,

8

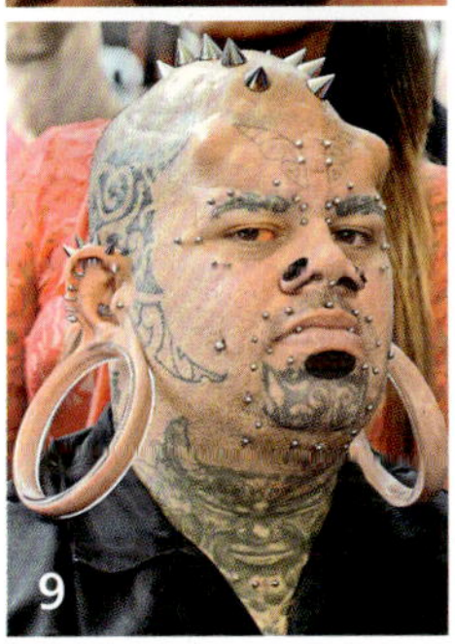
9

11

12

13

15

16

10

14

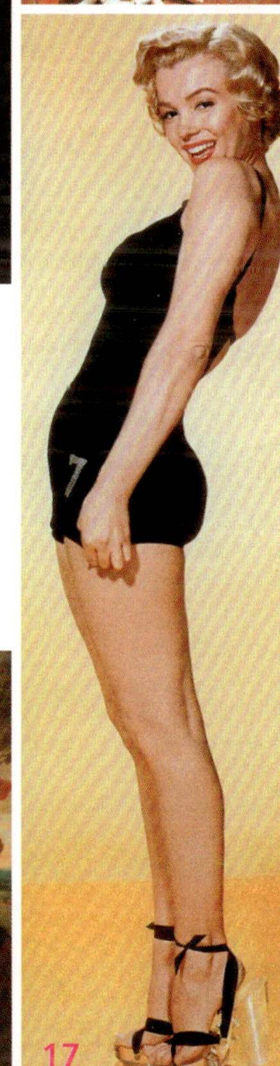
17

1982, 2001 (allein 20 Operationen an der Nase); 11 Cindy Jackson, ließ sich in 12 Jahren um € 120.000,– durch 39 Operationen zur lebenden Barbie machen; 12 Kim Chizevsky, Ms. Olympia 1996; 13 Konishi, Sumo Ringer, 280 kg; 14 Peter Paul Rubens (1577–1640): Das Urteil des Paris; 15 Aphrodite, 2. Jh. v. Chr. aus Kleinasien; 16 Hemba-Frau, Afrika; 17 Marilyn Monroe, um 1955

?!

08 Das Gesicht

Physiognomie und Proportion

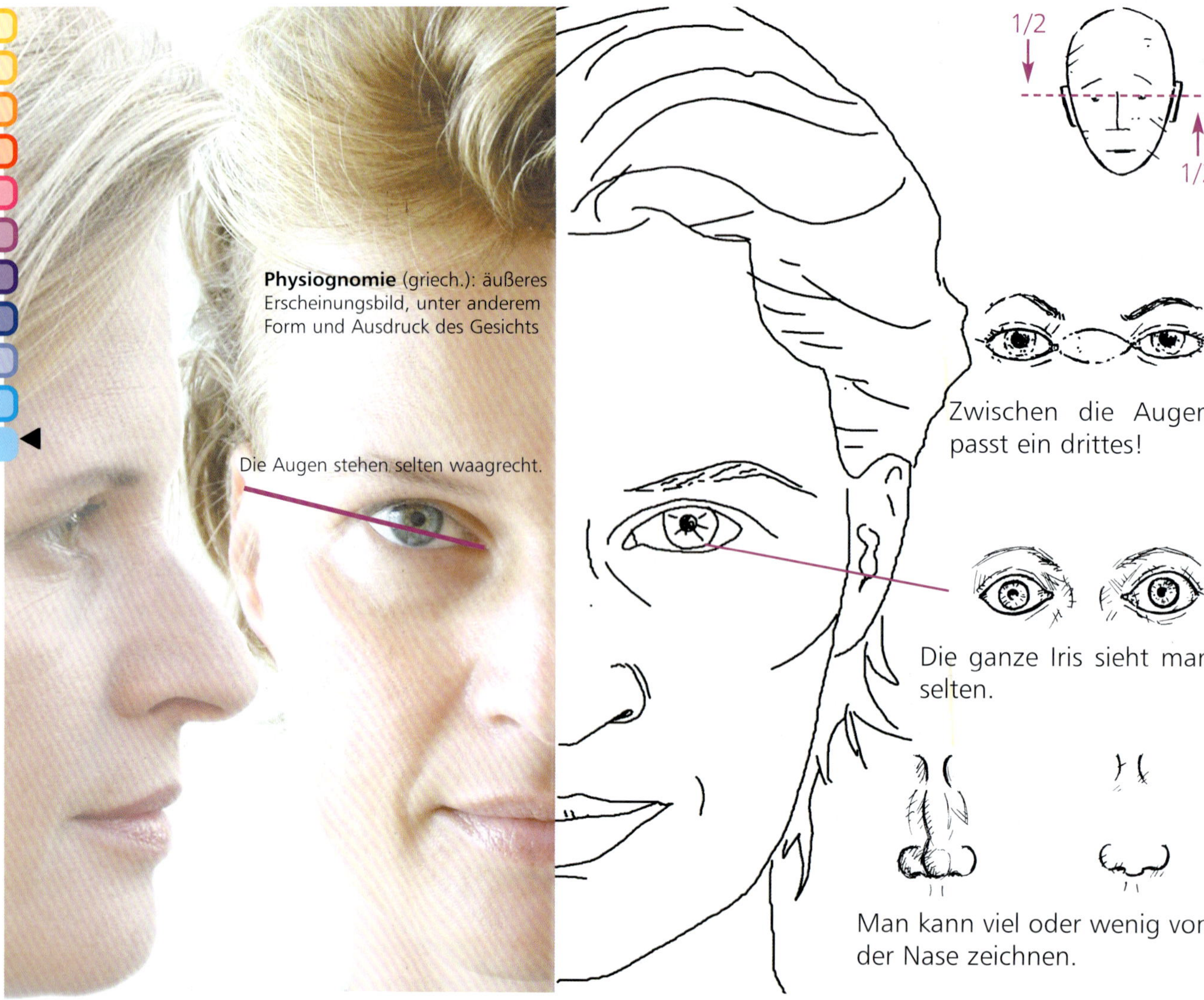

Mach eine Linienzeichnung über die Profilansicht. Wo liegt das Auge? Die Braue? Der Nasenflügel?

?!

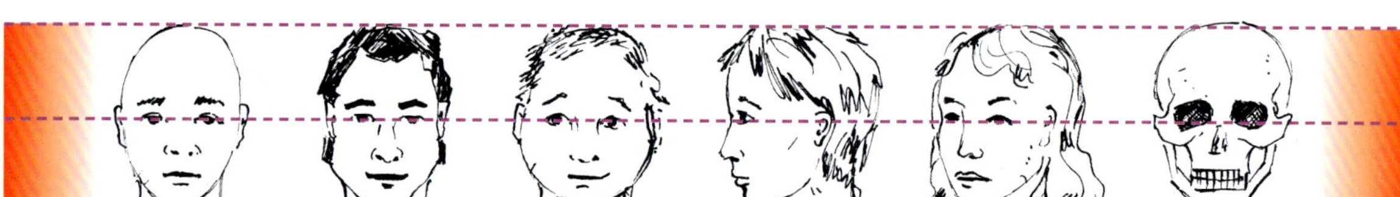

Mimik und Karikatur

Visagen und Fressen

09

Die Karikatur ist eine Übertreibung oder Verzerrung der charakteristischen Merkmale eines Gesichts. Sie soll belustigend oder auch lächerlich wirken.

Mimik zeigt Gefühle.
Sie sind nicht immer eindeutig zu interpretieren.
Der „Trotzige" könnte auch Abscheu empfinden oder …

Abbildungen von: Frank Miller, Da Vinci, Hooper, Messerschmidt u. a.

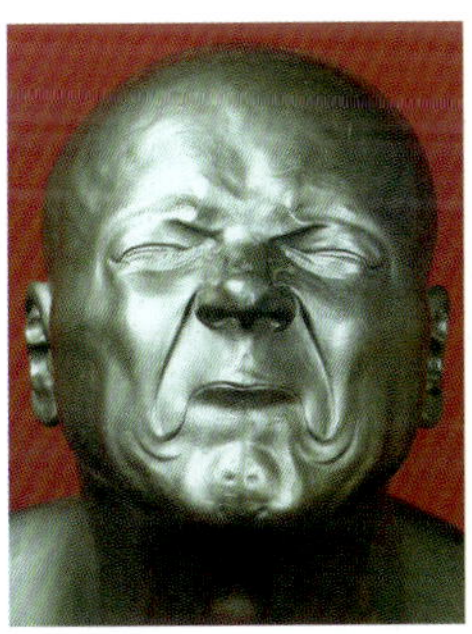

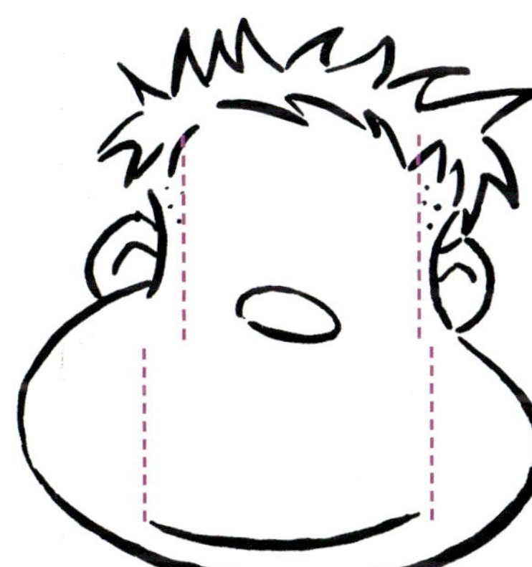

Du wirst sehen: Augen und Mund bestimmen den Gesichtsausdruck. Vielfältige Variationen sind möglich!

Augen und Mundstreifen kopieren und eigene dazu erfinden. An den roten Linien schneiden, von hinten durch das Gesicht schieben und staunen!

10 Köpfe und Gesichter

Vier Künstler arbeiten an einem Thema

Alexej von Jawlensky (1865–1941, russisch-deutscher Maler), um 1918

Reimo Wukounig (geb. 1943 in Klagenfurt, österreichischer Maler), um 1982

Josef Pillhofer (1921–2010, österreichischer Bildhauer), um 1982

!

Franz Xaver Messerschmidt, (1921–2010, österreichischer Bildhauer), um 1780

Alexej von Jawlensky, Reimo Wukounig, Josef Pillhofer, Franz Xaver Messerschmidt

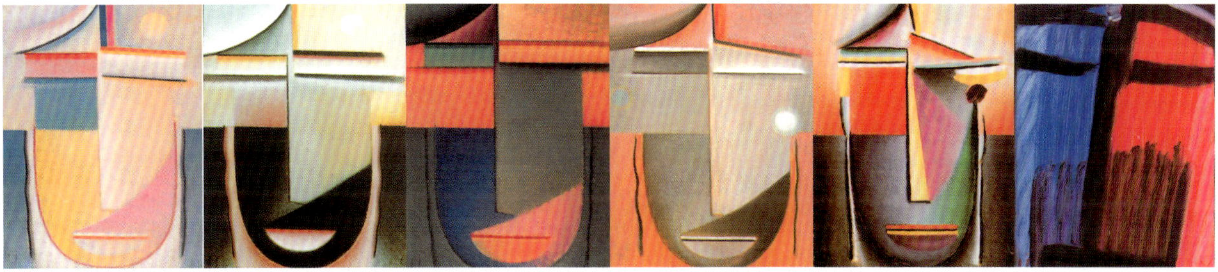

!

12 Vexierbilder

Schau zweimal …

Salvador Dalí, Erscheinung von Gesicht und Obstschale am Strand, 1938.

Na, was siehst du auf den ersten Blick?
Eine Landschaft, das Seil, die Berge? Oder hast du den Bildtitel zu Hilfe genommen und das Gesicht gesucht und die Schale schon entdeckt? So ein Bild gibt Rätsel auf und wird umso verwirrender, je länger man es betrachtet. Die Locken des Frauenkopfes und ihre Stirn verwandeln sich in eine Obstschale und ihre Augen sind zugleich Vase und Kopf einer liegenden Figur. Am Strand sind viele merkwürdige Dinge zu sehen und die Landschaft nimmt plötzlich die Gestalt eines Hundes an. Die Brücke und ihr Spiegelbild werden zum Halsband, ein Tunnel im Berg ist sein Auge.

?!

Kann man seinen Augen trauen? Vexierbilder sind sogenannte Doppelbilder. Sie zeigen vordergründig, was gleichzeitig auch etwas anderes darstellt. Das Gehirn kann auf gewisse Dinge eingestellt werden: Betrachte die Gesichter auf Seite 8/9 und du siehst zuerst den Kopf, blättere weiter auf Seite 14, aus der Burg wird ein …?

Dalí, Portrait Mrs. Isabel Styler-Tas, 1945

Ein Fels?

Ein Kelch?

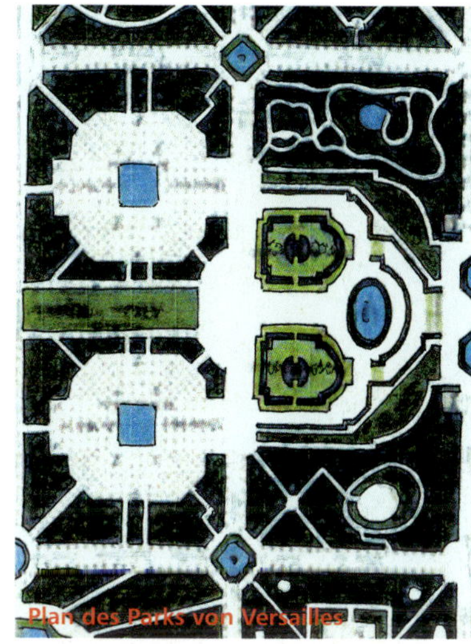
Plan des Parks von Versailles

Versailles?

Arcimboldo, Der Gemüsegärtner, ca.1590

Eine Gemüseschale?

Dalí, Face of Mae West, 1935

Ein Gesicht?

Eine Hausmauer?

In all diesen Abbildungen verbergen sich Gesichter. Manche entdeckt man erst, wenn man seinen Blickwinkel ändert. Auch in deiner Wirklichkeit siehst du manchmal Vexierbilder. Wann hast du zuletzt ein Gesicht in den Wolken oder im Wandfleck entdeckt?

?!

14 Mal(en) ausprobieren?!

Silhouettenlandschaft

Streichst du cremige helle Farbe in die noch feuchte dunklere, erzielst du feine Farbverläufe. Breite Borstenpinsel eignen sich dafür besonders gut.

Die Silhouette vorzeichnen, dann ausmalen, den Rand zuerst.

Details mit einem spitzen Haarpinsel hinzufügen.

?!

Schattenrisse müssen die jeweilige Form eindeutig zeigen. Wähle geeignete Ansichten und Objekte mit interessanten Details.

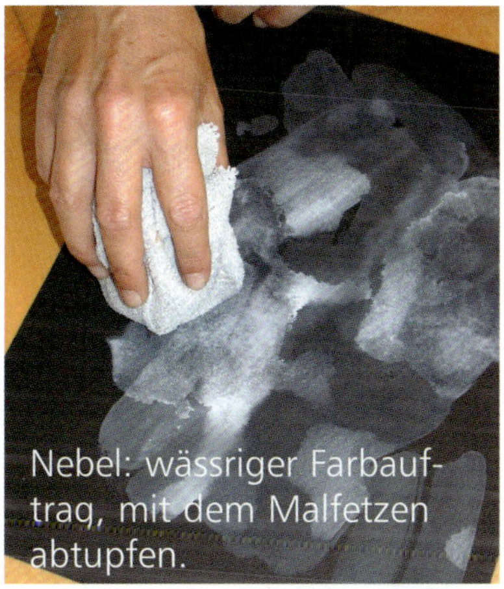

Nebel: wässriger Farbauftrag, mit dem Malfetzen abtupfen.

Sternspritzer: Deckweiß flüssig anrühren, mit dem Borstenpinsel über eine Kante streifen.

Planeten: Scheibe malen, mit einer oder zwei Farben zur Kugel modellieren

Experimentiere mit dem Farbauftrag: stupfen, wischen, verrinnen, verblasen . . .

Flugobjekte: Aufbau aus Drehkörpern (siehe Seite 18/19)

?!

Weite, menschenleere Landschaften

Bilder zum In-die-Ferne-Schauen

Abb. oben: Caspar David Friedrich, Einsamer Baum, 1822
Abb. unten: Vincent van Gogh, Weizenfeld mit Gewitterhimmel, 1890

Abb. oben: Alfons Walde, Almen im Schnee, 1926

Landschaftsmalerei hat viel mit Stimmung zu tun. Durch die Wahl entsprechender Farbgruppen können Landstriche kalt und unfreundlich, wohltuend warm oder romantisch erscheinen. Klare Kompositionen und sanfte Farbabstufungen wirken meist beruhigend. Räumliche Tiefe kann durch Aufhellen der Farben erreicht werden. Je heller und kühler der Farbton, desto weiter entfernt wirkt die Fläche.

?!

Bauern sehen in der Natur zunächst nutzbringendes Acker- oder Weideland. Kapitäne beobachten am Meer überwiegend Windrichtungen und gefährliche Untiefen. Landschaftsmalerei wurde von Stadtmenschen erfunden. Sie können Landschaften betrachten, ohne gleich an Arbeit zu denken.

Die Kunst auf Papier räumliche Tiefe herzustellen

Abb. oben: Gebirgslandschaft im Morgennebel, Huangshan, China, 1997, Foto

Abb. oben: Mu ch'i, Acht Ansichten der Gegend von Hsiao-Hsiang, um 1250, Tusche und Farbe auf Papier, Ausschnitt aus der Querrolle

Chinesische Maler arbeiten gerne mit Nebel, mit dem sie die Täler zwischen den Bergen betonen. Es geht aber auch ganz anders: Franz Traunfellners Holzschnitt kommt ohne Farbabstufung aus. Hier erwecken die Anordnung und die sich nach oben verjüngende Form der Schneefelder den Eindruck räumlicher Tiefe.

Abb. rechts: Franz Traunfellner, Schneereste, 1988, Holzschnitt, 50 x 55 cm

***schan-schui,* „Berge und Wasser", ist das chinesische Wort für Landschaft. Die Bilder stellen selten nur eine reale Landschaft dar, sie sind auch Sinnbilder, z. B.: „Weiches Wasser höhlt durch Beharrlichkeit den harten Stein."**

?!

18 Drehkörper …
Wie man sie aufbaut …

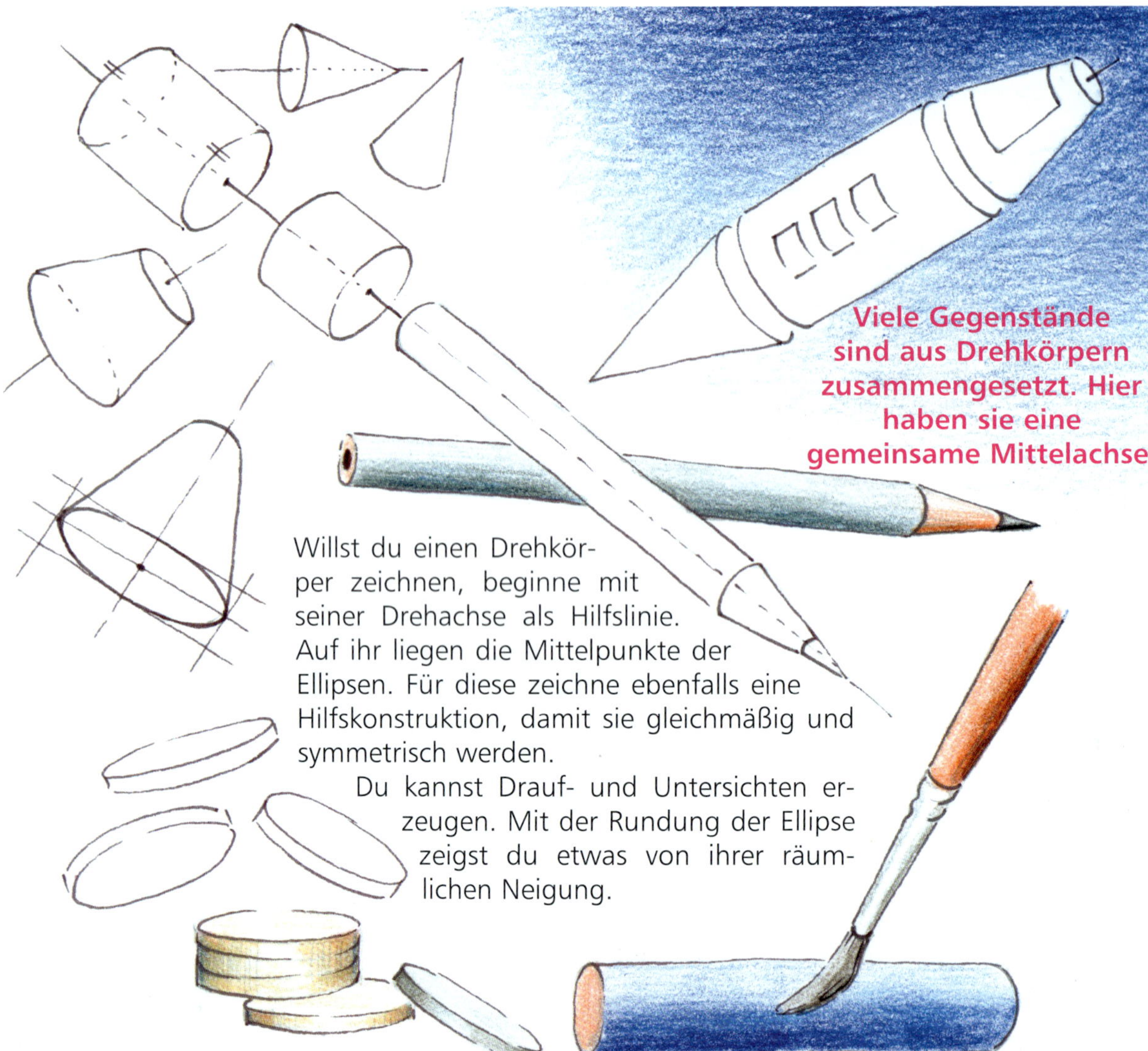

Viele Gegenstände sind aus Drehkörpern zusammengesetzt. Hier haben sie eine gemeinsame Mittelachse.

Willst du einen Drehkörper zeichnen, beginne mit seiner Drehachse als Hilfslinie. Auf ihr liegen die Mittelpunkte der Ellipsen. Für diese zeichne ebenfalls eine Hilfskonstruktion, damit sie gleichmäßig und symmetrisch werden.

Du kannst Drauf- und Untersichten erzeugen. Mit der Rundung der Ellipse zeigst du etwas von ihrer räumlichen Neigung.

?! Drehkörper haben eine unsichtbare Mittelachse, um die du sie drehen könntest. Ihre Ansichten bleiben dabei immer gleich. In der räumlichen Darstellung werden aus ihren Kreisgrundflächen Ellipsen.

… und Ähnliches

… und schattiert

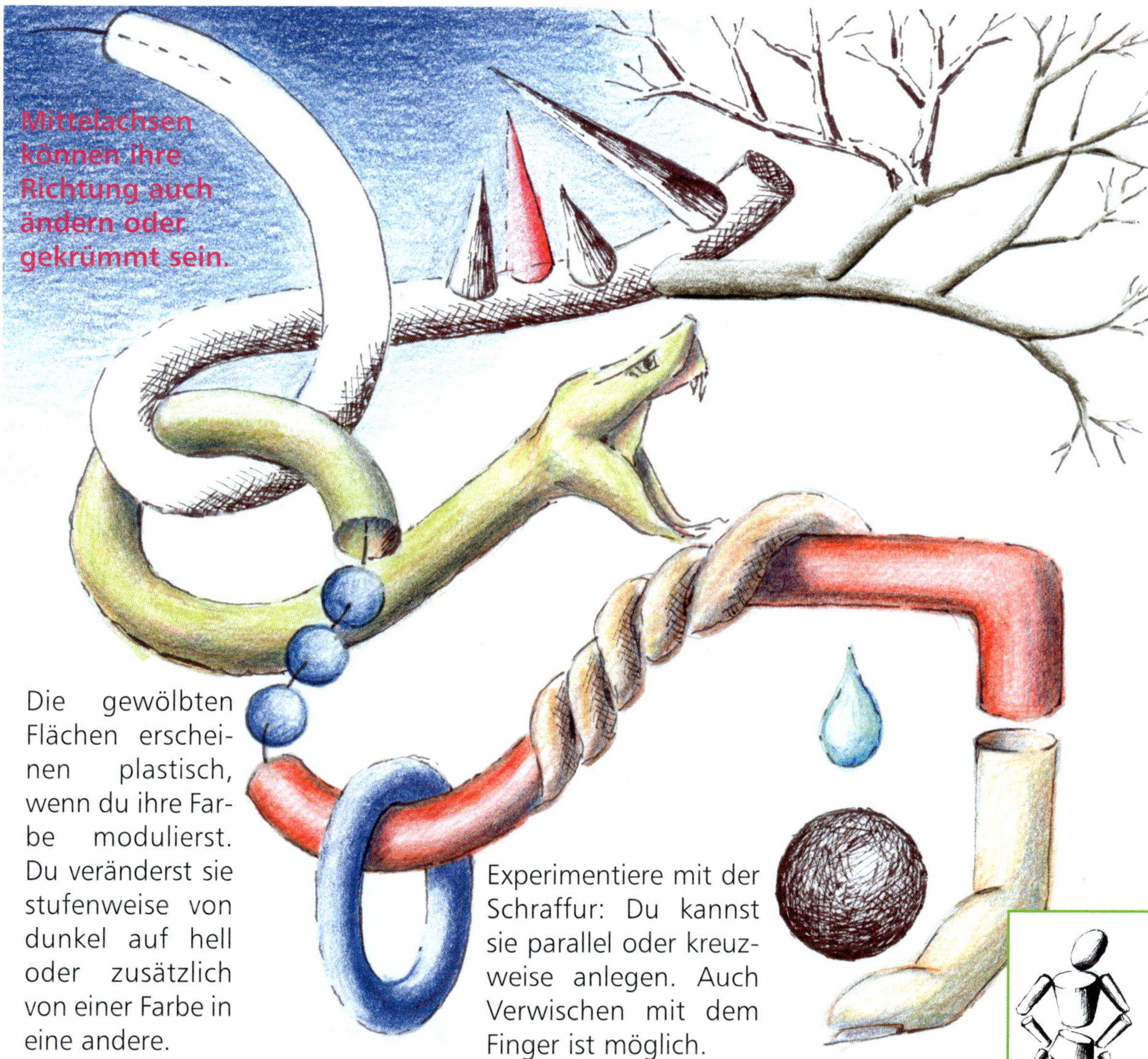

Mittelachsen können ihre Richtung auch ändern oder gekrümmt sein.

Die gewölbten Flächen erscheinen plastisch, wenn du ihre Farbe modulierst. Du veränderst sie stufenweise von dunkel auf hell oder zusätzlich von einer Farbe in eine andere.

Experimentiere mit der Schraffur: Du kannst sie parallel oder kreuzweise anlegen. Auch Verwischen mit dem Finger ist möglich.

?!

Erfinde aus Drehkörpern ungewöhnliche Raumschiffe (siehe Seite 15), neuartige Designobjekte (siehe Seite 60/61) oder fantastische Metamorphosen.

20 Das Naturstudium

Auge und Hand

Das Original

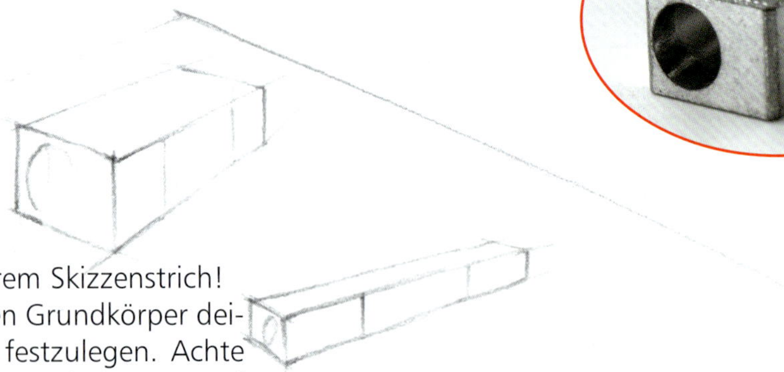

Zeichne mit lockerem Skizzenstrich! Beginne damit, den Grundkörper deines Objekts grob festzulegen. Achte auf richtige Längenverhältnisse und Neigungswinkel der Kanten.

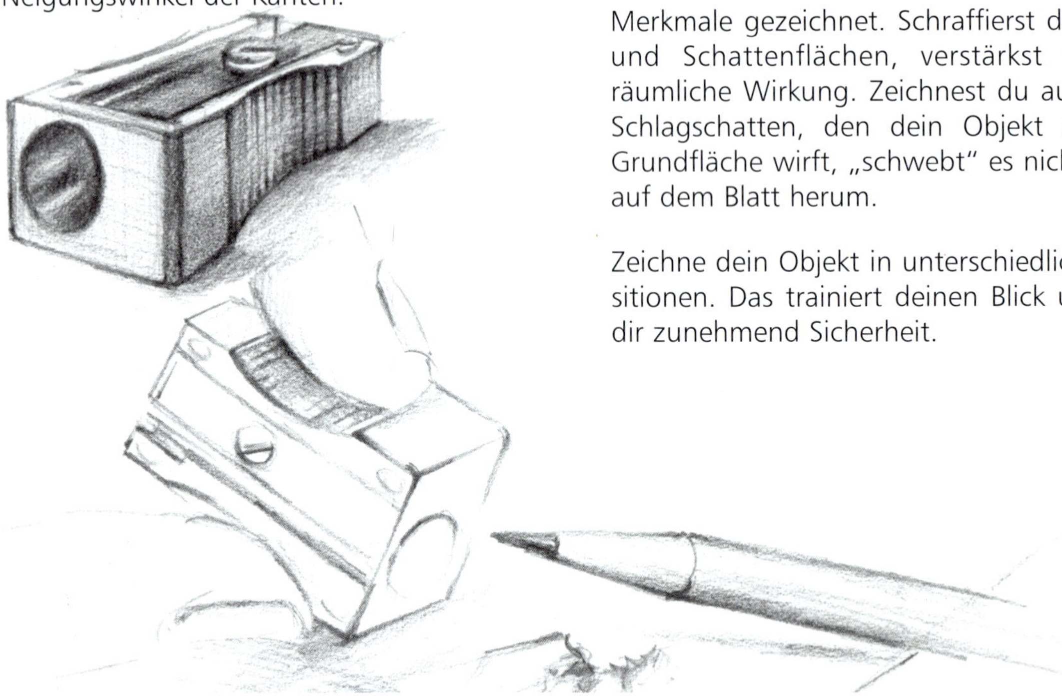

Nun werden Details und charakteristische Merkmale gezeichnet. Schraffierst du Licht- und Schattenflächen, verstärkst du die räumliche Wirkung. Zeichnest du auch den Schlagschatten, den dein Objekt auf die Grundfläche wirft, „schwebt" es nicht mehr auf dem Blatt herum.

Zeichne dein Objekt in unterschiedlichen Positionen. Das trainiert deinen Blick und gibt dir zunehmend Sicherheit.

?!

Schau genau!
Jeder Gegenstand lässt sich auf eine Kombination von Grundkörpern vereinfachen.

Abbild und Entwurf

Has und Bock

Albrecht Dürer, Ein junger Feldhase, 1502

Leonardo da Vinci, Lilie, 1475

Leonardo da Vinci, Draperiestudie, 1473

Die Künstler der Renaissance wollten es ganz genau wissen. Sie zeichneten Dinge nicht mehr nach Mustervorlagen, wie es im Mittelalter üblich war.

Die Welt selbst – Menschen, Tiere, Pflanzen und Gegenstände – wurde präzise betrachtet. Sie studierten den Aufbau, die Proportionen, die Oberflächen und die Form.

Die Zeichnung sollte die Objekte naturgetreu wiedergeben. Erfinder und Designer müssen fähig sein, ihre Ideen so zu veranschaulichen, dass sie anderen realisierbar erscheinen.

Leonardo da Vinci, Bogen auf Rädern, 1485–88

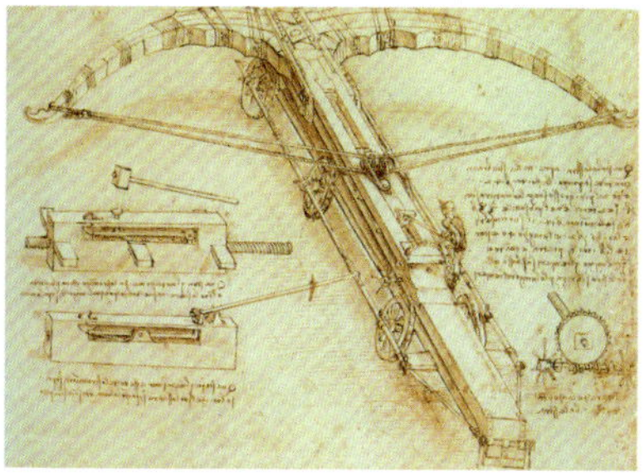

Leonardo da Vinci, Entwurf für ein Automobil, 1478–80

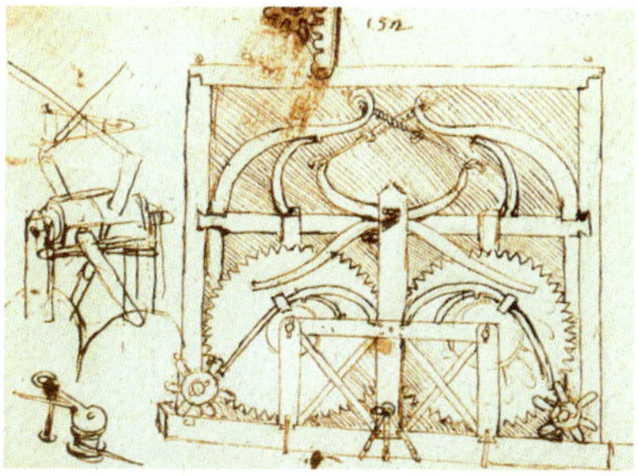

Kiska Gruppe, Designentwurf für ein Motorrad, 2002

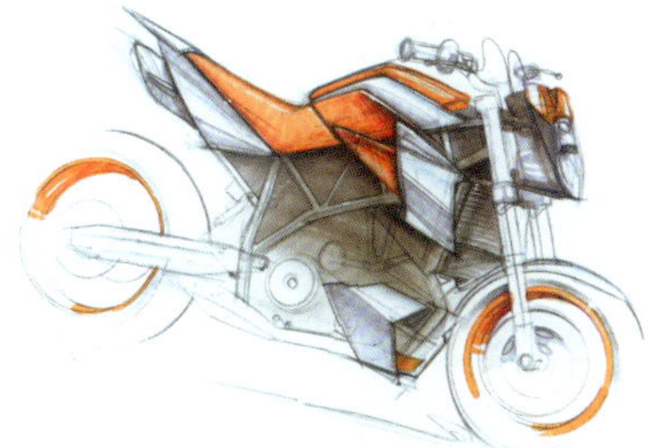

Matthäus Merian, Welt der Tiere, 1650

Viele „wissenschaftliche" Zeichnungen wurden nach mündlichen Berichten von Forschungsreisenden angefertigt, daher gibt es in alten Enzyklopädien (d. s. geordnete Zusammenfassungen eines Wissensgebiets) viele Bilder mit seltsamen Geschöpfen.

?!

22 Raumrisse

Das Labyrinth

Der Palast von Knossos hatte ca. 1 300 Räume und bis zu 5 Stockwerke. Als die Griechen die Ruinen des Palastes sahen, entstand die Sage vom Minotaurus, einem Wesen mit dem Körper eines Menschen und dem Schädel eines Stieres, der in diesem unüberschaubaren Labyrinth (= Irrgarten) gelebt haben soll.

Palast von Knossos,16. Jh. v. Chr. Grundriss

Labyrinth in der Kathedrale von Reims, 13. Jh. n. Chr.

So geht es leicht:
Grundmodul, weiterbauen, auf gleiche Abstände achten, Linien als Balken, gleiche Stärke, gleicher Abstand

?! **Variationen bei Winkeln und Höhen sind reichlich möglich. Man muss sich nur an einen Grundraster halten, dann klappt es.**

Konstruktionsmöglichkeiten

Die horizontalen Flächen bleiben unverzerrt, die Tiefenlinien bleiben parallel.

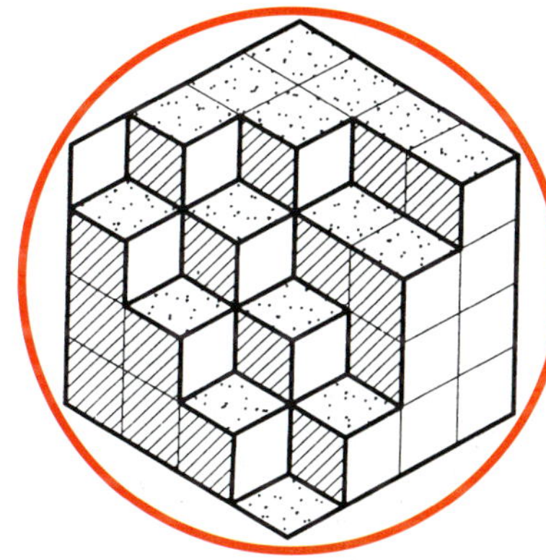

Drei gleiche Winkel, in einem Kreis konstruiert.

Die horizontalen Flächen sind wieder unverzerrt, aber schräg gestellt. Diese Risse dienen der Anschaulichkeit.

Bei diesem Stadtplan ist alles „nach Gefühl" gezeichnet. Häuser stehen in der Realität selten parallel zueinander, daher muss man improvisieren. Einfach üben, experimentieren, Erfahrung sammeln.

?!

24 Zentralperspektive

Die Sicht der Dinge

Albrecht Dürer, Der Zeichner des liegenden Weibes, 1512–25

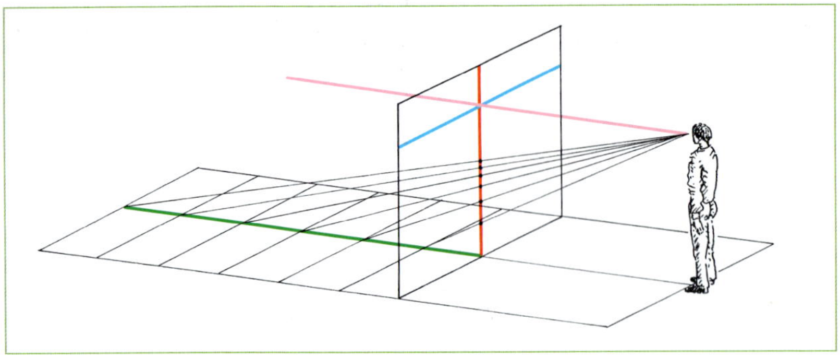

Das Gesetz der ZENTRALPERSPEKTIVE ist so einfach: Alle **Flächen**, die parallel zur Bildebene liegen, erscheinen unverzerrt. Alle **Tiefenlinien** (normal zur Bildfläche) treffen sich in einem Punkt, dem **FLUCHTPUNKT**. Er liegt auf einer gedachten Linie, dem **HORIZONT**.

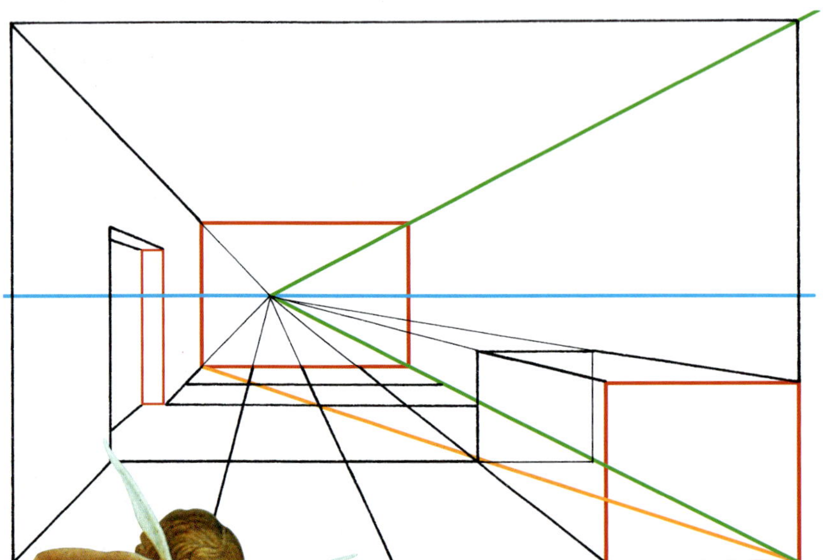

DER/DIE BETRACHTER/IN BESTIMMT DIE ANSICHT

Die markierten Punkte am Boden liegen in gleichen Abständen zueinander. Durch das subjektive Betrachten – von einem Punkt aus dem Auge – entstehen am Bild andere Distanzen. ➔ Verkürzung

Die Renaissancekünstler erkannten die Gesetzmäßigkeiten, den Raum in einem Bild natürlich erscheinen zu lassen, die Regeln der PERSPEKTIVE.

Die Horizontlinie ist im Innenraum unsichtbar. Zeichnest du eine Landschaft, begrenzt sie die Bodenebene.

Abstände auf Horizontalen und Vertikalen darfst du messen.

Wenn du das Buch drehst, verändert sich das Zimmer: Aus der Tür wird eine Boden- oder Dachluke oder ein Fenster. Alle Ansichten sind perspektivisch richtig.

?! **In der Renaissance wurden die Gesetze der Perspektive entdeckt. Besonders schwierig ist es, die Verkürzung bei Lebewesen darzustellen.**

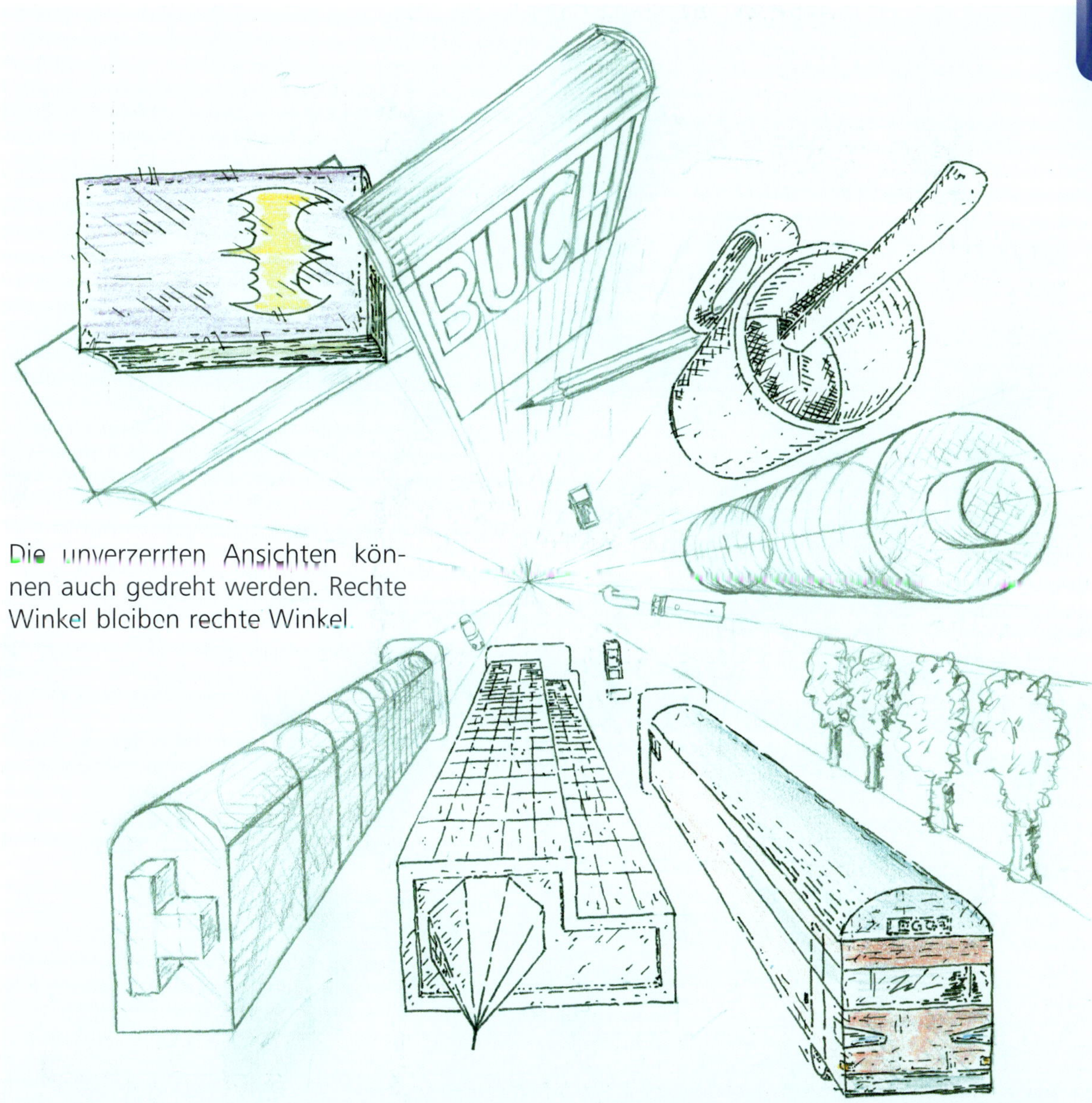

Die unverzerrten Ansichten können auch gedreht werden. Rechte Winkel bleiben rechte Winkel.

?!

Manches in diesem Bild reicht tief in den Raum hinein, manches tief hinunter. Das Konstruktionsprinzip bleibt gleich.

26 Mehrpunktperspektive

Eine noch natürlichere Sicht

Bei der Zentralperspektive liegt vorne immer eine Fläche. Sie ist unverzerrt.

Bei der Zweipunktperspektive liegt vorne immer eine Kante. Nur diese vertikalen Linien bleiben unverzerrt.

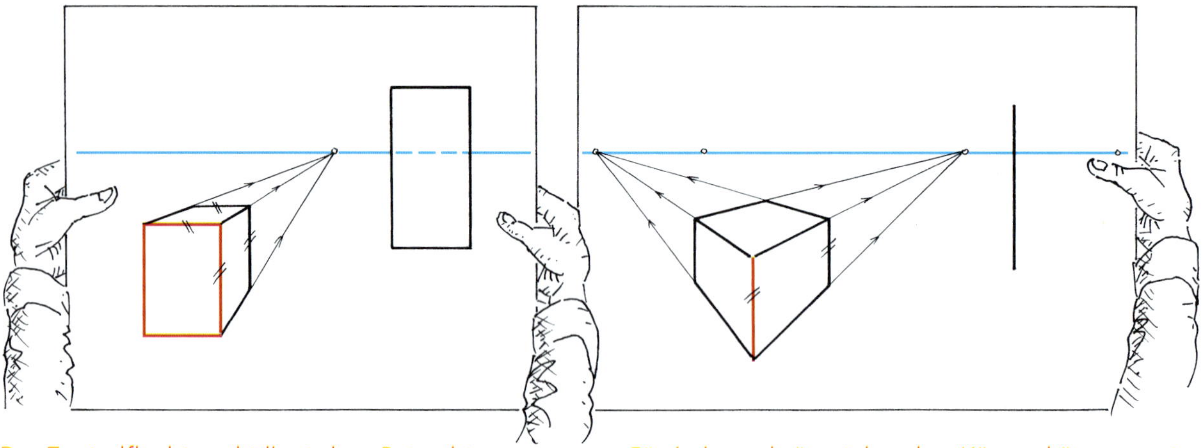

Der Zentralfluchtpunkt liegt dem Betrachter genau gegenüber. Der rechten Fläche fehlen noch die Fluchtlinien zum Zentralfluchtpunkt.

Für jeden schräg stehenden Körper können unterschiedliche Fluchtpunktpaare entstehen.

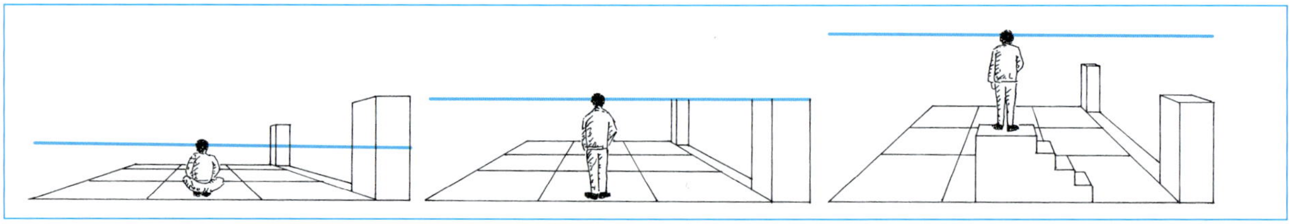

Die Höhe der Horizontlinie bestimmt die Ansicht: Frosch-, Normal- oder Vogelsicht.

?!

Perspektivische Bilder sind Momentaufnahmen dessen, was man sieht. Sie zeigen das, was ein Foto zeigt. Der Mensch bewegt sich aber im Raum und erfährt und sieht ihn so ständig anders. Künstlerinnen und Künstlern in allen Epochen ging es häufig um die wechselnde Erfahrung im Raum, sie ignorierten und ignorieren bewusst die einengenden Perspektivgesetze.

Hier sieht man Zentral- und Zweipunktperspektiven in einem Bild. Es gibt zwar viele Übereckfluchtpunktpaare auf der Horizontlinie, aber nur einen Zentralfluchtpunkt. Er liegt dem Betrachter genau gegenüber am Horizont und gilt für alle Objekte, die frontal gesehen werden, egal, in welcher Ecke des Bildes sie sich befinden.

?!

28 Richtig ist falsch

Das Auge täuschen

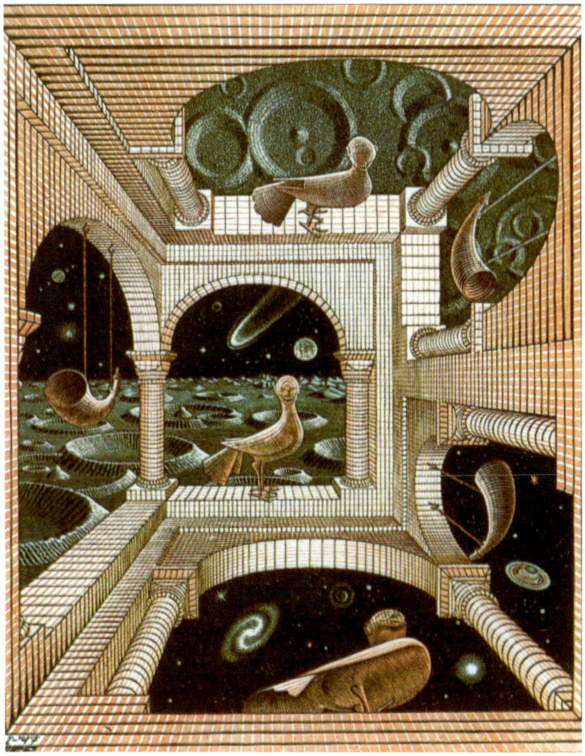

M. C. Escher, kolorierter Holzschnitt, 32 x 26 cm, 1947

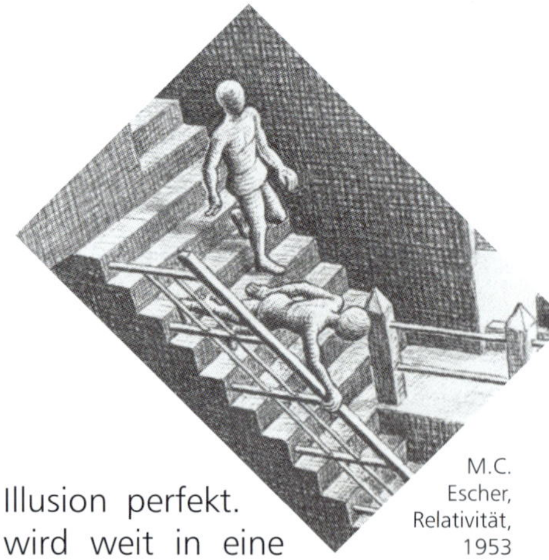

M.C. Escher, Relativität, 1953

Hier ist die Illusion perfekt. Unser Blick wird weit in eine Kraterlandschaft und tief ins All gezogen. Einzeln betrachtet, scheint jeder Ausblick räumlich logisch, aber zusammen bilden sie kein einheitliches Ganzes. Denn je nachdem, ob wir aus dem einen oder dem anderen Fenster blicken, schauen wir einmal von vorn, von oben oder von unten. Gleichzeitig kann man das aber auch so nicht sehen. Durch eine raffinierte Konstruktion führt uns der Künstler M. C. Escher hier vor Augen, dass etwas richtig sein kann, aber doch nicht möglich.

Hier können Größenverhältnisse nicht eingeschätzt werden: Die drei Zylinder scheinen nur unterschiedlich groß zu sein.

?! **Diese Objekte erscheinen realistisch. Es würde jedoch niemandem gelingen, sie zu bauen.**

Alles ist möglich

Die Welt neu erfinden

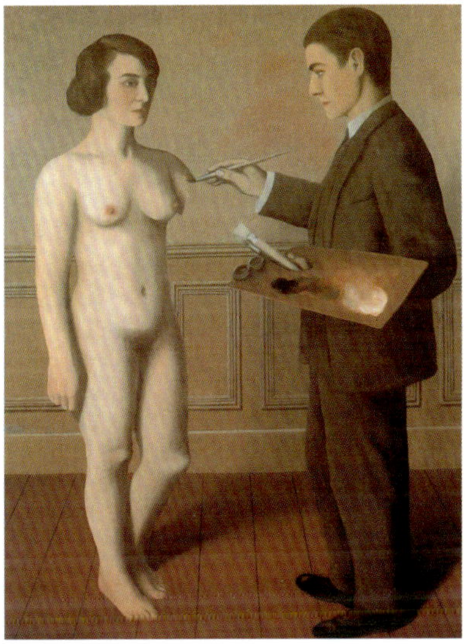

Es gibt Dinge, die nur in Träumen geschehen können, unglaubliche Dinge, die wir uns nur mit viel Fantasie vorstellen können. Diese Welten haben nur selten etwas mit unserer äußeren, sichtbaren Realität zu tun. Aber sie sind wichtiger Teil unserer inneren Wirklichkeit, unserer inneren Welt.

Der Maler René Magritte wirft einen Blick auf jene verborgene Welt, macht sie sichtbar und stellt uns die Frage: Ist alles so, wie es uns erscheint?

Ein Maler malt sein Modell und erweckt es dadurch zum Leben – letztlich ist es aber doch nur ein Bild. Ein heller Tageshimmel zu dunkler Stunde. Wacht oder träumt man? Ein Ausblick auf das „Adlergebirge" ist in Scherben zersprungen. WO ist der Durchblick? Eine Reiterin im Wald verdeckt Bäume und Bäume verdecken sie. Eigentlich sieht man aber das Verborgene.

links oben: Der Versuch des Unmöglichen, 1928
rechts oben: Das Reich der Lichter, 1954
links unten: Die Domäne von Arnheim, 1949
rechts unten: Die Blankovollmacht, 1965

René Magritte (1898–1967) war ein Vertreter des Surrealismus, einer künstlerischen Bewegung im frühen 20. Jahrhundert, der sich Maler, Fotografen, Filmemacher und Schriftsteller anschlossen. Das gemeinsame Arbeitsmotto: Lasst der Fantasie ihren Lauf!

?!

30 Bildbearbeitung am PC
Eine digitale Montage

Mit vielen Bildbearbeitungsprogrammen für PCs können Fotomontagen erstellt werden. Bildelemente werden dabei so zusammengefügt, dass Übergänge – im Unterschied zu Collagen mit Schere und Klebstoff – nahtlos erscheinen.

Hier wurden aus zwei Fotovorlagen Teile in ein Hintergrundbild eingefügt.
Mit speziellen „Werkzeugen" und Menübefehlen kann man nun folgende Arbeitsschritte ausführen:

- Größe der Bildelemente ändern und anpassen
- Elemente herumschieben und positionieren
- sie drehen und neigen
- sie duplizieren und spiegeln
- Farbtöne verändern

?!

Fantasie = Vorstellungskraft, Einfallsreichtum, sich Ungewöhnliches, Utopisches, Einmaliges ausdenken, Ideen mit dem richtigen Werkzeug umsetzen und dadurch sichtbar machen.

Manipulierte Realität
Das darf doch nicht wahr sein

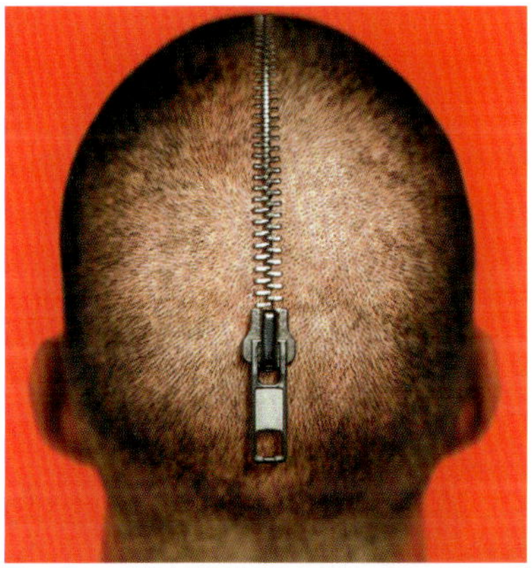

Bei manchen Bildern erkennt unser Verstand sofort die Unmöglichkeit der gezeigten Wirklichkeit. Aber sie ist witzig und verblüffend und erregt in jedem Fall unsere Aufmerksamkeit. In der Werbung werden solche Überraschungseffekte bewusst eingesetzt.
Textaussagen werden sinnbildlich dargestellt, Ausdrücke wortwörtlich in Bilder umgesetzt.

Auch weniger auffällige Anzeigen und Plakate kommen ohne Bildmanipulationen nicht mehr aus. Da werden Hautunreinheiten wegradiert und der Teint wird rosig aufgefrischt, Zahnweiß wird aufgehellt und Glanzpunkte werden ins Auge gebrusht. Man nennt das retuschieren (franz.: ausbessern).

Menschen sind daran gewöhnt zu glauben, ein Foto zeige die Wirklichkeit. Fotos sind technisch ziemlich leicht veränderbar. Beim linken Bild stellen sich die Fragen: War der dritte Mann tatsächlich dabei? Und wohin ist der vierte Mann verschwunden?
Alles das ist auch im Medium Film möglich. Besonders in Science-Fiction-Filmen entstehen mit Hilfe des Computers fantastische Galaxien, Raumschiffe und Planetenbewohner. Die Schauspieler werden in solche Szenen hinein montiert.

?!

Komposition

Ordnung und Ruhe

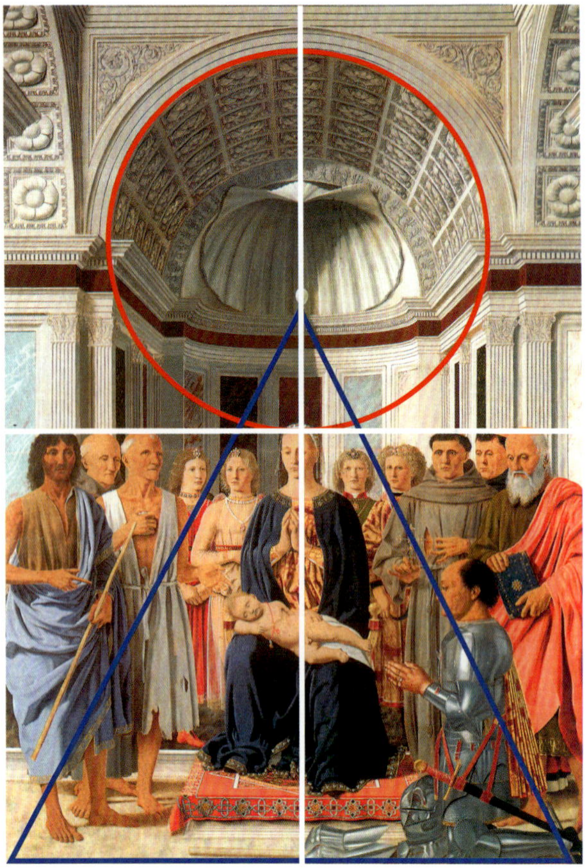

Dieses Bild ist nach einem strengen Schema aufgebaut. Es gibt eine senkrechte Symmetrieachse, Figuren und andere Motive sind so angeordnet, dass gedachte Verbindungslinien geometrische Grundformen ergeben. In der Renaissance versuchte man dadurch Klarheit und Balance in die Bilder zu bringen.

Caspar David Friedrich verwendet ein ähnliches Grundgerüst für dieses Bild: Das Dreieck und ein Achsenkreuz, welches den Menschen ins Blickzentrum rückt. Durch die klare Ordnung entsteht die Ruhe im Bild.

Abb. links: Piero della Francesca, Montefeltro-Altarbild, 1472–74
Abb. rechts: C. D. Friedrich, Der Wanderer über dem Nebelmeer, 1817–18

?!

Komponieren = ein Bild bewusst aufbauen. Man kann dadurch Wichtiges betonen und das Auge des Betrachters lenken.

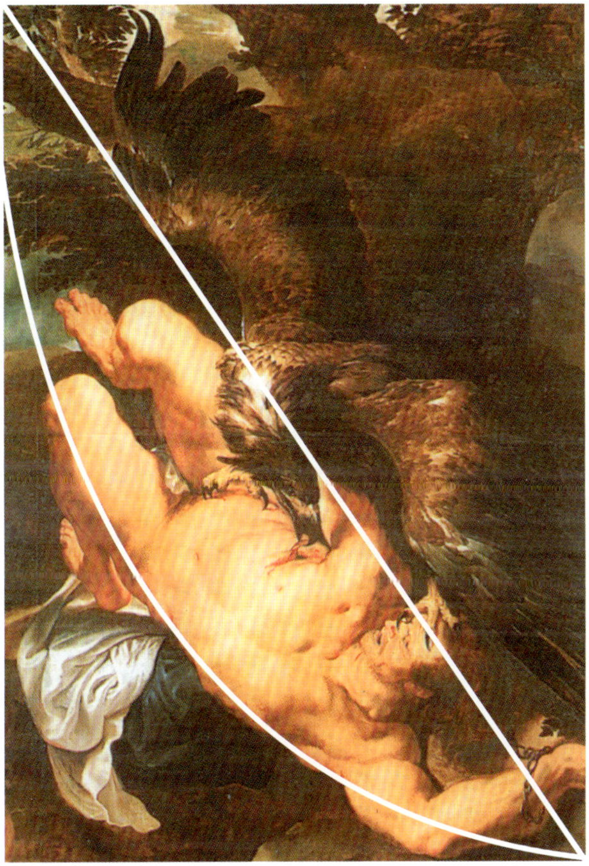

Viel dynamischer wirkt ein Bild, wenn man rechtwinkelige Achsen und Symmetrie vermeidet. Der Barockmaler Rubens legt Prometheus und den Adler so ins Bild, dass sie eine Diagonale bilden. Unser Blick folgt dem Körper aus der Raumtiefe nach rechts unten. Das dramatische Geschehen kommt auf uns zu.

400 Jahre später kommt Batman in schwungvollen Kurven daher. Achsen in alle Richtungen geben dieser Handlung die notwendige Dynamik. Fast alle Bildelemente sind angeschnitten und ragen scheinbar über den Bildrand hinaus.

Abb. links: Peter Paul Rubens, Der gefesselte Prometheus, 1612–18
Abb. rechts: Todd Mc Farlane, Spawn Batman, Ausschnitt, 1994

Bei Sportübertragungen zeigt uns die Kamera eine Spielsituation öfter mal ganz aus der Nähe. So erscheint uns der Ablauf spannender.

?!

34 Alles in einem

Roy Lichtenstein

22,3 x 10,8 Meter.

So groß ist das „Wandbild mit blauem Pinselstrich", das Roy Lichtenstein 1986 für die Eingangshalle eines Hochhauses in New York schuf. In diesem Bild zitiert der damals 63-jährige Maler viele seiner eigenen Bilder wie auch die anderer Künstler. Klassische Architekturelemente, aber auch die Architektur der Eingangshalle inspirierten ihn. Wie Bausteine fügte er Bilder und Gegenstände aus dem Alltag dazu und komponierte dieses monumentale Wandgemälde.

1 Roy Lichtenstein: Sonnenaufgang, 1965
2 Roy Lichtenstein: Mädchen mit Ball, 1961
3 Fernand Léger: Der Tanz, 1943
4 Roy Lichtenstein: Apollo Tempel IV, 1964
5 Henri Matisse: Der Eskimo, 1947
6 Werbung für Elgin Uhren, 1950
7 Architekturfries, New York
8 Klassisches Schwarz-Weiß-Buch
9 Roy Lichtenstein: Knock Knock, 1961
10 Roy Lichtenstein: Künstleratelier, 1974
11 Bilderrahmen
12 Keilrahmen
13 Ellsworth Kelly: Red Blue Green, 1963
14 Roy Lichtenstein: Weißer Pinselstrich, 1965
15 Hans Arp: Konfiguration, 1930
16 Jasper Johns: Device, 1961
17 Art Déco Tablett

1

2

3

4

5

6

7

8

9

10

?! **Roy Lichtenstein (1923–1997, New York City) ist einer der wichtigsten Vertreter der Pop Art. Diese Ende der 1950er-Jahre entstandene Kunstrichtung macht aus Werbung, Comics und aus Alltagsgegenständen Kunstwerke, indem diese Elemente neu komponiert werden.**

Wandbild mit blauem Pinselstrich

11

12

13

14

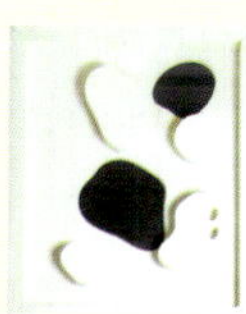
15

16

17

Lust selbst zu komponieren? Schau auf deine gesammelten Bilder – lassen sich einzelne Elemente aus unterschiedlichen Arbeiten zu einem neuen Bild zusammenfügen?

Comics …
Lustige Streifen

Die ersten Comics gab es – wie es sie heute auch noch gibt – als Streifen in Tageszeitungen. Daher der Name COMIC STRIP.
Die erste Serie, erschienen 1897 in einer Wochenendbeilage, hieß „Die Katzenjammer Kids" und hatte Wilhelm Buschs Max und Moritz zum Vorbild. Sie war für Menschen gemacht, die nicht so gut lesen konnten – Erwachsene und Kinder –, weil auch sie angeregt werden sollten, Zeitungen zu kaufen.

Calvin und Hobbes ist ein zeitgenössischer Zeitungsstrip. Er ist einfach aufgebaut, die Bilder und Figuren sind gleich groß, man hat kein Problem, der Handlung zu folgen.

Die Gestaltung der Schrift kann Stimmungen und **LAUTSTÄRKE** vermitteln. Durch Form, Größe und Linienstärke können Worte hektisch, laut, scharf, unsicher etc. wirken.

Die Sprechblase heißt „Balloon". Die Form der Rahmung kann den Ausdruck der Worte verstärken.

?! **In einfachen Comics ist das Wetter immer gut. Richtig dramatisch wird's nur bei Nacht, Regen, Sturm …**

Für diese Bildfolge braucht man einen trainierten Blick.

DER LASTER ... IM SEE ...

„Onpos“ sind lautmalende Worte. Sie „zeigen“ Geräusche.

Wer steigt aus dem Wasser?

Dieselbe Person in drei unterschiedlichen Ansichten.

Die Heldin.

Sie sprengt den Rahmen.

Was ist da?

Der Blick weist auf etwas hin, zeigt Gefühl.

Das Böse kriecht heran.

Eine Aktion wird verlangsamt. Wieso?

Die unterschiedlichen Bildgrößen, das Sprengen des Rahmens, die wechselnde Entfernung zum Geschehen machen diese Seite abwechslungsreich und spannend.

THE END ?!

38 Fotoroman …

Wie man eine Bildfolge spannend macht

Eine Story wird als Bildfolge umgesetzt. Das Einzelbild und die Reihenfolge der Bilder kann so gestaltet werden, dass die Handlung auch ohne erklärende Texte und Dialoge verständlich ist.
Um die Bildfolge für den Betrachter abwechslungsreich zu gestalten, wird die Größe des Bildausschnitts (Einstellungsgröße) variiert.

Die **Totale** gibt einen Überblick über den Schauplatz des Geschehens.
Die Einstellung **Halbnah** führt uns zu den Hauptakteuren. Die **Nah-** oder **Großaufnahme** eignet sich dazu, Gestik und Mimik von Personen deutlich zu zeigen. Bleibt man zu weit entfernt, werden keine Gefühle „miterlebt“.

Das Team: Lilly Becirspahic, Marion Knobloch, Judith Pohoralek, Sarah Reisenhofer, Manu Schindler, Goezde Taskaya

Eine weitere Möglichkeit, den Betrachter stärker ins Geschehen einzubeziehen, ist die Veränderung des Kamerastandpunktes. Wir können mit den Augen der Akteure schauen oder sehen mehr als sie.

Hier wird die gleiche Szene aus gegenüberliegender Position gezeigt. In der Filmsprache heißt das **Schuss** und **Gegenschuss**.

Zwei Bilder zu „ICH LIEBE DICH“

Was ist hier wohl die bessere Lösung?

?!

Eine Einstellung im Film ist die ununterbrochene Kameraaufnahme vom Ein- bis zum Ausschalten. Der Schnitt ist der Wechsel von einer Einstellung zur nächsten. In Alfred Hitchcocks „Cocktail für eine Leiche“ gibt es keinen einzigen Schnitt, eine Actionszene in „Terminator“ braucht durchschnittlich alle fünf Sekunden einen Schnitt.

Ein Hinzoomen auf eine Person betont ihre Bedeutung für die weitere Handlung. Diese Verlangsamung lässt uns Szenen besonders intensiv „erleben".

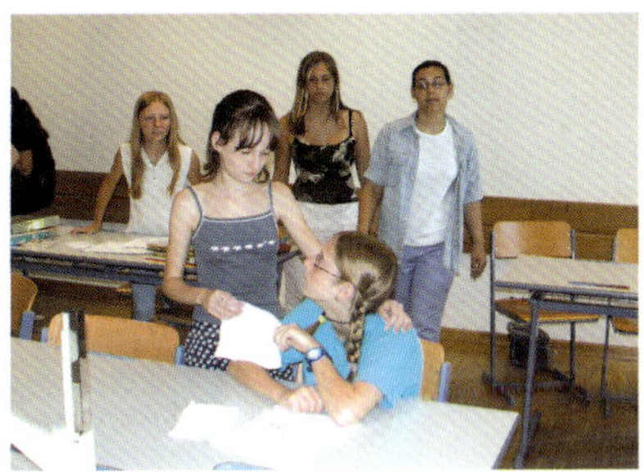

Gedanken und Erinnerungen können sichtbar sein. Sie werden einfach als Parallelhandlung einmontiert. Im Film erkennt man solche Szenen daran, dass sie vernebelt werden oder farblich verändert sind.

Ungewöhnliche Blickwinkel (Unter- und Obersichten, Neigungen) sind zusätzliche Gestaltungsmittel, um unsere Aufmerksamkeit zu steigern. Hier sind wir ein Teil der Schüler/innen-Gruppe.

Zwei Bilder zu „HEY ARNOLD!"

Welcher Gruß wirkt hier wohl freundlicher?

Auch Filme werden als Bildgeschichten geplant. In sogenannten „Story Boards" skizziert man Handlungsablauf, Kamerastandpunkte und -einstellungen. Dadurch können Kameramann und Regisseur schon im Voraus abschätzen, wie eine Szene aussehen und wirken wird.

?!

40 Der Linolschnitt

Schnitte

Der Linolschnitt ist ein **Hochdruckverfahren**. Die erhabenen Teile werden mit Druckfarbe eingefärbt, die wieder an das aufgepresste Papier abgegeben wird. **Linoleum:** Material für Fußbodenbeläge; eine Mischung aus Korkmehl, Harz und Leinöl, auf ein Grundgewebe gepresst

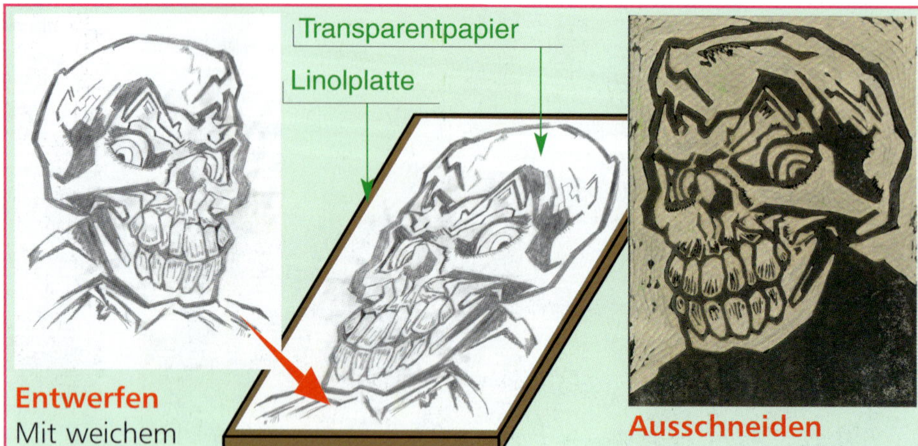

Entwerfen
Mit weichem Bleistift (3B) auf Transparentpapier zeichnen.

Übertragen
Mit der Zeichnung nach unten auf das Linoleum legen und mit dem Bleistiftende abreiben.

Ausschneiden
Grundregel beim Linolschnitt: Was weiß werden soll – wegschneiden, was schwarz werden soll – stehen lassen.

Drucken

Mit einer Walze die erhabenen Teile einfärben.

Papier auf die eingefärbte Linolplatte legen und kräftig mit der Hand abreiben.

Das Papier vorsichtig abziehen. Die Anzahl der **Abzüge** ergibt die **Auflage**.

Werkzeug für Linolschnitt

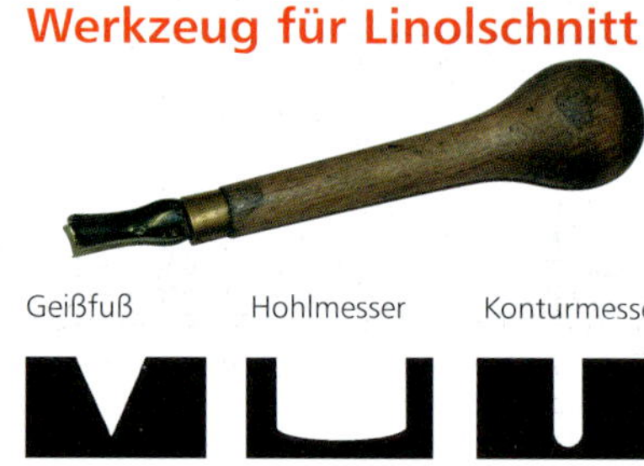

?!

TIPP:
Vor dem Schneiden die Linolplatte mit Spiritus entfetten. Wärme macht hartes Linoleum weich. Eine Moosgummiunterlage vermindert das Rutschen der Linolplatte beim Schneiden. Die Werkzeuge immer vom Körper wegführen.

Die Weißlinientechnik

Der Mehrfarbendruck

Abb. links: Der Schwarzliniendruck auf farbigem Papier, 17 x 24 cm
Abb. rechts oben: Henri Matisse, Linolschnitt, 1940 © Succession H. Matisse/VBK, Wien
Abb. rechts unten: Pablo Picasso, Farblinolschnitt, 1958 © Succession Picasso/VBK, Wien

Künstler wie Pablo Picasso und Henri Matisse benutzten den Linolschnitt ebenso wie andere Drucktechniken. Picasso druckte mit einer Platte auch mehrfärbig. Durch schrittweises Ausschneiden, Einfärben und Übereinanderdrucken schuf er dieses Frauenbildnis nach Lukas Cranach dem Jüngeren (1515–1586).

?!

42 Schrift

Gestalte dein persönliches Label

Alle Buchstaben deiner Sonderschrift sollen nach dem gleichen **Gestaltungsschema** aufgebaut sein.

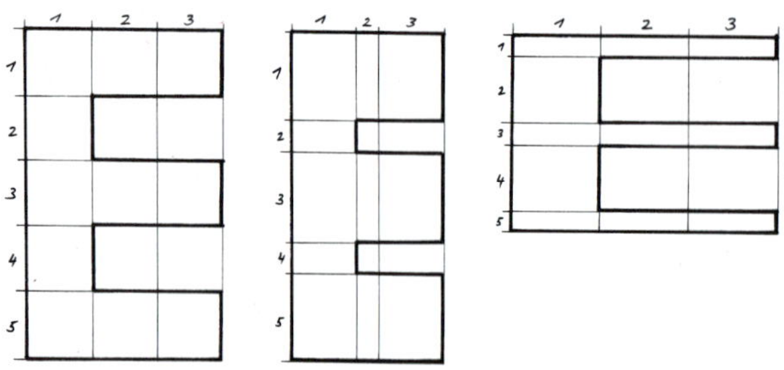

Mit der **Grundform** legst du ihre Ausdehnung fest, mit dem **Raster** bestimmst du Form und Stärke der Balken.

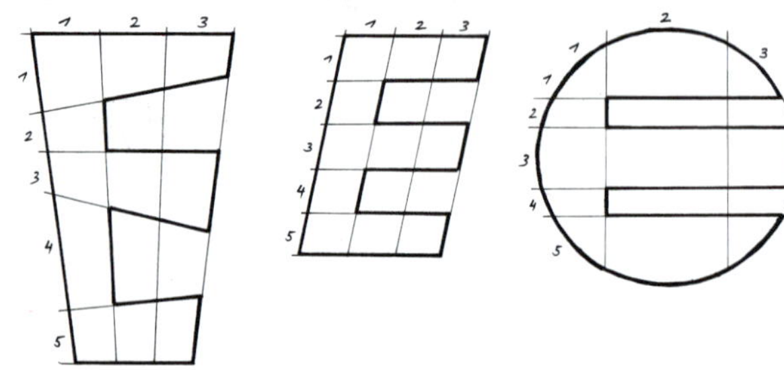

Gestalte die **Balken** durch spezielle Endungen, Konturen und Flächen.
Mache alle Änderungen und Verzierungen durch Hilfskonstruktionen wiederholbar.

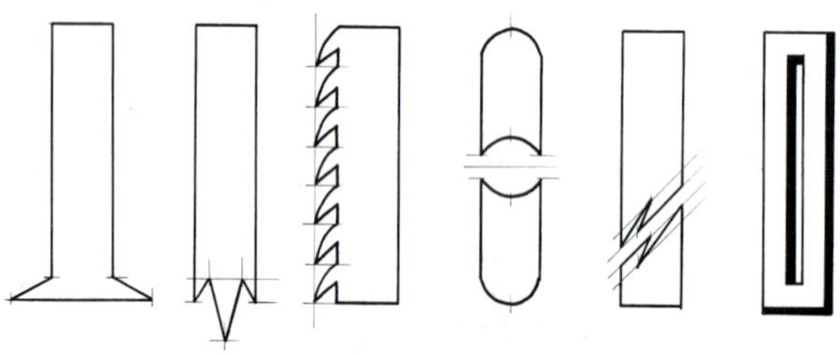

Für die **Anordnung** der Buchstaben verwende ebenfalls Hilfslinien. Bei der Wahl der Abstände berücksichtige den Platz für Verzierungen.

Wenn du eine passende Hintergrundform gefunden hast, ist dein Label fertig.

Labels von: Bernadette Vogl und Bianca Prosenbauer.

?!

Label (engl.) bezeichnet ein Klebeetikett bzw. eine Klebemarke, die auf ein Produkt oder die Produktverpackung aufgeklebt wird. Wegen des Etiketts in der Schallplattenmitte werden Plattenfirmen heute noch Labels genannt.

Graffiti
Bilder aus Schrift

In den 1960ern begannen Jugendliche in New York ihre Spitznamen auf Häuser, U-Bahnen etc. zu sprühen. Der Zweck war Gebietsmarkierung der Gangs. Ab Mitte der 1970er wurden die Buchstaben dreidimensional und farbig, die Entwürfe immer komplexer. Graffiti wurden Kunst. Unberechtigtes „Sprayen" führt aber immer noch zu Anzeigen und Strafverfolgung.

Kabelwerk Wien, 2003

Diese Wandbilder sind genau geplant, bevor sie gesprüht werden. Der Künstler macht eine vollständige, farbige Entwurfszeichnung.

Anregungen zu dreidimensionalem Gestalten: Seite 18, 19, 23, 24, 25, 26.

?!

Eine weiche Verlaufskante sprüht man von weiter entfernt, will man aber eine scharfe Kante, Linie oder Fläche, so muss man vorher Schablonen schneiden.

Grusel …

Impuls: schauen • denken • reden

?!

1 Lebender Toter, PC-Spielgegner; 2 HR Giger, Biomechanoiden: „Alien"-Monster, 1979; 3 Die Qualen des Prometheus: der Adler frisst am Tag seine Leber, nachts wächst sie nach; 4 John Lasseter, Glotzkowski und Sulley, „Die Monster AG", 2001; 5 Geof Darrow, „Hard Boiled", Comic-Cover; 6 Caravaggio, Rettung der Heimatstadt: „Judith und Holofernes", 1598

… und Grauen

anklagen • abstumpfen • verniedlichen

7

8

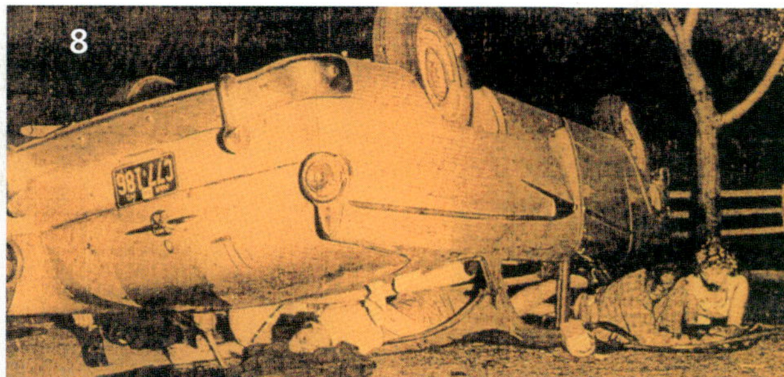

9

10

11

12

13

7 Friedrich W. Murnau, der Untote: „Nosferatu“, Filmstill, 1922; 8 Andy Warhol, ein realer „Carcrash“ als Kunst, 1963; 9 Heinrich Hoffmann, „Struwwelpeter“, Kindererziehung um 1845; 10 Kinderbuch-Vampir; 11 Robert Capa, Spanischer Bürgerkrieg – Kopfschuss, Foto, 1936; 12 Hieronymus Bosch, wie böse Menschen enden: „Weltgerichtstryptichon“, 1485–1505; 13 Goya, wozu Menschen fähig sind: „Schrecken des Krieges“, 1810–1814

?!

46 Chaos und Zerstörung

Irritation und Provokation

Lucio Fontana, Concetto spaziale, um 1965

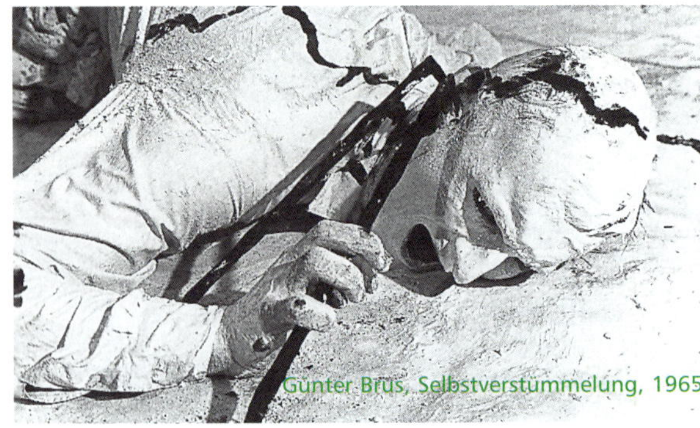
Günter Brus, Selbstverstümmelung, 1965

Lucio Fontana „malt" mit einem Messer. Arnulf Rainer übermalt Bestehendes. Günter Brus verstümmelt sich selbst. Anish Kapoor schießt rotes Wachs an die Museumswand.

Arnulf Rainer, Schwarze Übermalung, 1961

Anish Kapoor, Shooting into the corner, 2009

?!

In der Zerstörung liegt auch viel Kraft, die Künstler/innen für ihre Arbeiten nutzen. Anders als gewohnt, wird nicht „Schönes" geschaffen, sondern Bestehendes beschädigt oder zerstört. Diese Attacken sind nicht zufällig und ziellos, sondern wohl überlegt. Die Künstler/innen stellen damit unsere Erwartungen und gewohnten Sichtweisen in Frage.

Schrott und Abfall

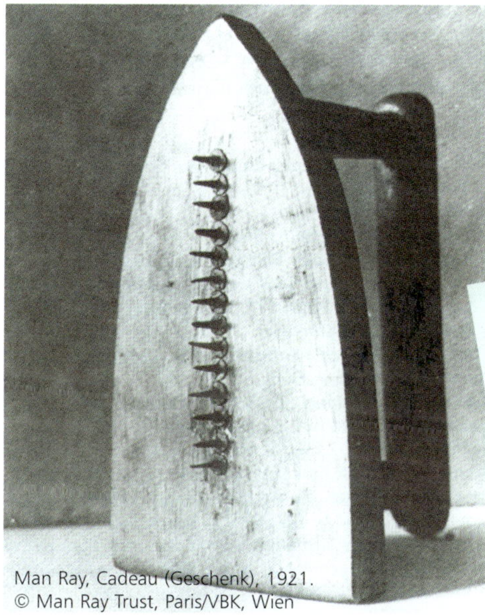

Man Ray, Cadeau (Geschenk), 1921.
© Man Ray Trust, Paris/VBK, Wien

Meret Oppenheimer, Pelztasse, 1936

Natascha Auenhammer, Zebra, 2001

Stefan Wewerka, Halbzeit, 1961

Manche Künstler attackieren Gegenstände in ihrer Funktion, geben nur ein Wort dazu oder ein paar Gegenstände, und es entsteht etwas ganz **NEUES, ANDERES.**

Nam June Paik, Präpariertes Klavier, 1958–63

John Chamberlain, Trixie Dee, 1963

Warum kann in einem Museum ein Haufen Schrott herumliegen und niemand räumt ihn weg?

?!

48 Bilder über die Schrecken des Krieges

Peter Paul Rubens, 1637, 206 x 345 cm, Palazzo Pitti, Florenz

Rubens ist einer der bedeutendsten Maler des Barock. Seine Werke waren an allen Fürstenhöfen begehrt. So kam er in ganz Europa herum und wirkte auch als Diplomat. „Die Schrecken des Krieges" malte er 1637/38.

Da hatte er sich schon enttäuscht aus der Politik zurückgezogen, nachdem der 30-jährige Krieg „... mit blutbeflecktem Schwert alles zerstampft, was Europa ausmacht."

Auch **Picasso** war schon berühmt, als er für die Republik Spanien ein Bild für die Weltausstellung in Paris malen sollte.

Mitten in den Vorbereitungen wurde im April 1937 die nordspanische Stadt Guernica, das politische und kulturelle Zentrum der Basken, bombardiert. In einem stundenlangen Luftangriff wurde die Stadt völlig zerstört. Jetzt entschloss sich Picasso, sein erstes politisches Bild zu malen.

?!

MEHR WISSEN: Das Bild von Rubens ist eine Allegorie. Es zeigt keine reale Szene, sondern versucht, Begriffe durch Figuren darzustellen. Der wilde bärtige Mann ist der Kriegsgott Mars. Er lässt sich von der Liebesgöttin Venus nicht mehr aufhalten. Pest und Hunger eilen ihm bereits voraus. Kunst und Wissenschaft liegen schon am Boden.

Schau genau

Vergleiche die übereinander gelegten Bilder genau. Welche Figuren befinden sich am gleichen Platz? Was ist ähnlich – was ganz anders? Auf dem Transparentpapier kannst du die übereinstimmenden Teile von Picassos „Guernica" und Rubens' „Schrecken des Krieges" hervorheben oder nachzeichnen. Versuche auch die Kompositionslinien zu finden.

?!

Schau genau

?!

Vergleiche die übereinander gelegten Bilder genau. Welche Figuren befinden sich am gleichen Platz? Was ist ähnlich – was ganz anders? Auf dem Transparentpapier kannst du die übereinstimmenden Teile von Picassos „Guernica“ und Rubens' „Schrecken des Krieges“ hervorheben oder nachzeichnen. Versuche auch die Kompositionslinien zu finden.

Pablo Picasso, Guernica, 1937, 351 x 782 cm, Prado, Madrid

Viele der Bildelemente Picassos ähneln denen von Rubens: die Frau mit den emporgerissenen Armen vor dem Haus, die Mutter mit dem Kind im Arm. Andere Figuren wurden umgedeutet. Aus dem Wissenschaftler mit dem Zirkel wird ein Soldat mit zerbrochenem Schwert, der Schild des Mars wird zum Lampenschirm und so weiter …

?!

50 Pop-up

Bilder, die sich aufstellen lassen

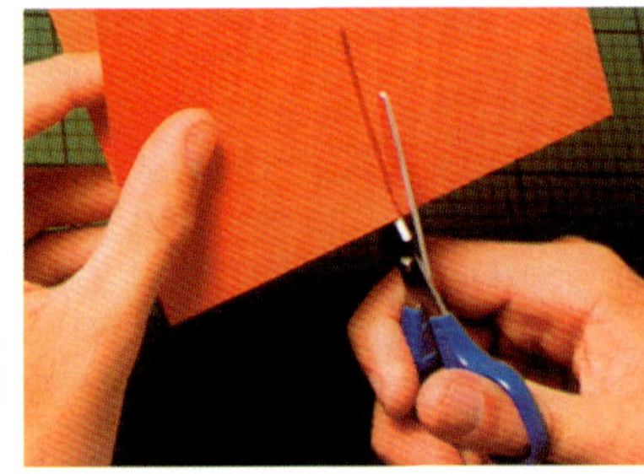

Bilder, die sich beim Öffnen einer Karte oder eines Buches selbst aufstellen („Pop ups"), sind immer für eine Überraschung gut.
Die Technik ist leicht erlernbar und die einfachen Grundformen lassen sich ohne Aufwand variieren.
Komplizierte Pop ups können, wie hier, aus nur einem Blatt Papier bestehen oder aus vielen Einzelteilen zusammengeklebt werden.

?!

Die Karlskirche für die Brieftasche

Wie man riesige Objekte flach bekommt

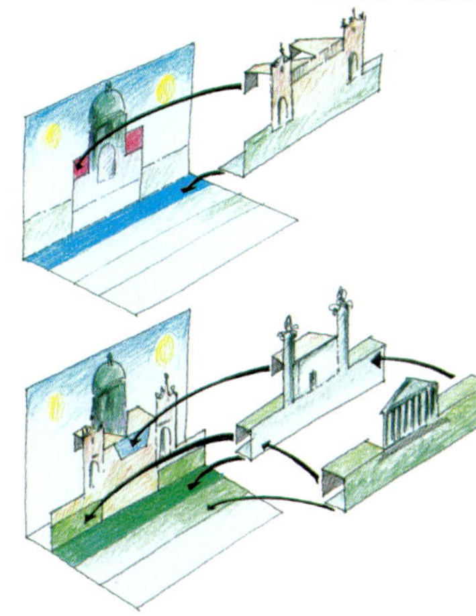

Die vier Bauteile ausschneiden. Die Grundplatte an der strichlierten Linie nach vorne falten, bei allen anderen Bauteil nach hinten. Den Aufbau von hinten (3) beginnen. Zwischendurch immer wieder zusammenfalten.

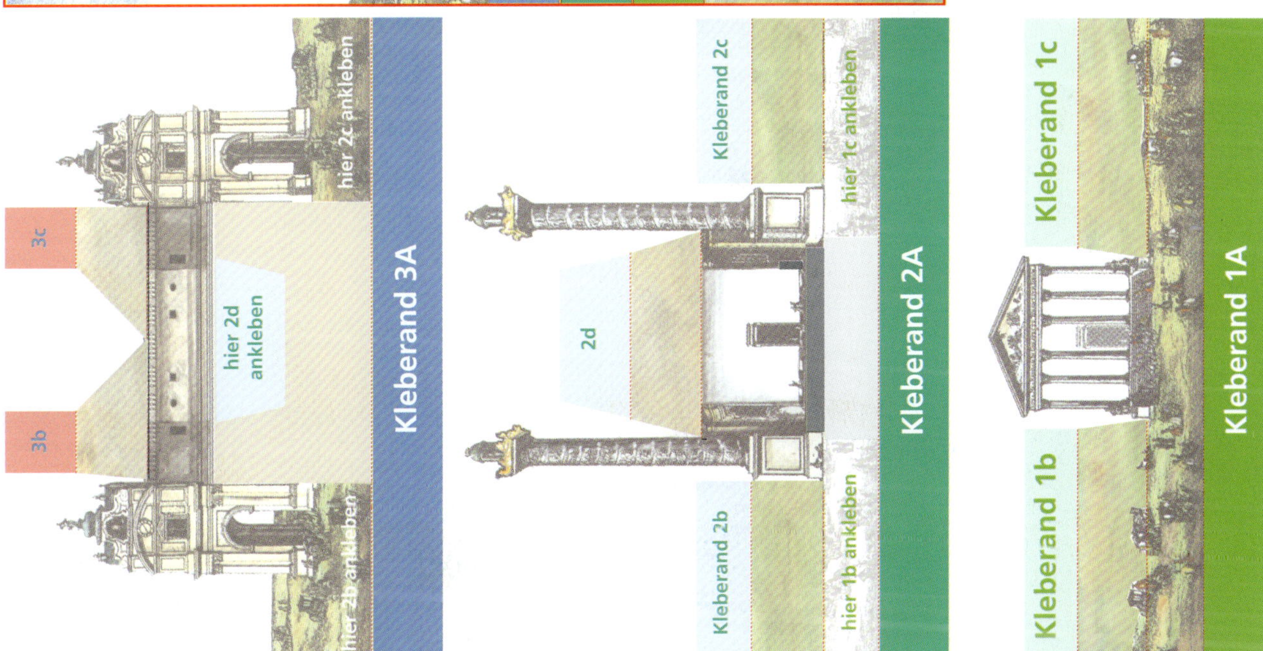

Die Gestaltungsmöglichkeiten werden noch vielfältiger, wenn man beide Techniken kombiniert und Zeichnungen oder Fotos miteinbezieht.

Hier noch ein paar Anregungen:

Bilder aus Rom:
Pantheon mit Tempelfassade, ab 27 v. Chr.
Trajansäule auf dem Kaiserforum, 113 n. Chr.
Sant' Agnese von Francesco Borromini, um 1650
Kirche **Santa Maria di Loreto**, von Antonio da Sangallo, 1522

Die Karlskirche in Wien ist nicht nur schön anzuschauen, sie ist auch ein Rätselspiel für Kunstkenner. Fischer v. Erlach hat in ihr seine Eindrücke und Erfahrungen, die er in Rom sammeln konnte, verarbeitet. Die Seitentürme erinnern aber auch an orientalische Bauten.

?!

52 Relief
Gips

Hier geht es um die Herstellung von Gussreliefs. Dazu brauchst du eine Tonplatte und verschiedenste strukturierte Gegenstände zum Abdrücken.

Die weiche Tonplatte wird zur vertieften Negativform. Ausgegossen mit Gips oder Beton, erscheint deine Komposition wieder erhaben im Positiv.

Strukturenrelief

Das Relief mit Tonstreifen einrahmen, die mindestens 2 cm über der höchsten Reliefstelle liegen.

Den Gipsbrei von der Seite vorsichtig eingießen. Auf diese Weise entstehen weniger Luftblasen.

Das Tonrelief und den Tonrahmen entfernen, nachdem der Gipsguss erhärtet ist.

Den restlichen Ton aus Ritzen und feinen Strukturen herausholen. Mit Wasser nachwaschen.

Hochrelief

Reliefs gehören zu den ältesten Kunstwerken der Menschheit. In der Reliefgestaltung unserer Münzen begegnen wir ihnen täglich.

Dieses riesige Bein auf einem Relief im Athener Nationalmuseum ist eine Weihgabe; es ist die überlebensgroße Nachbildung eines Beines, das der Gott Asklepios geheilt hat. (5/4. Jh. v. Chr.)

Finger werden in eine dicke, weiche Tonplatte gedrückt und vorsichtig wieder herausgezogen, damit der Abdruck nicht verändert wird. In die Vertiefungen wird Gips gegossen. Die Fingernägel werden mit einem Messer überarbeitet.

?! **RELIEF: zu lat. relevare = in die Höhe heben. Bildhauerische Arbeit, bei der die Figuren nicht frei im Raum stehen, sondern an eine Fläche gebunden sind. GIPS: Kommt als Mineral in der Natur vor. Das gebrannte, fein gemahlene Gipspulver wird mit Wasser angerührt. Während des Aushärtens ist Gips noch eine Zeit lang formbar. Übrig gebliebenen Gipsbrei und Gipsreste auf keinen Fall in den Abfluss gießen!**

Für ihr Kunstwerk „Wachauer Nase" suchte die Künstlergruppe Gelitin eine passende Nase. Die mit Gips abgeformten Nasen einiger Wachauer und Wachauerinnen dienten ihnen als Vorlage für das Modell aus Plastilin. Gemacht wurde die Nase aber aus Beton, der wetterfest und lange haltbar ist. Was kann man mit dieser Nase wohl alles machen?

Einladung zum „Nasencasting"

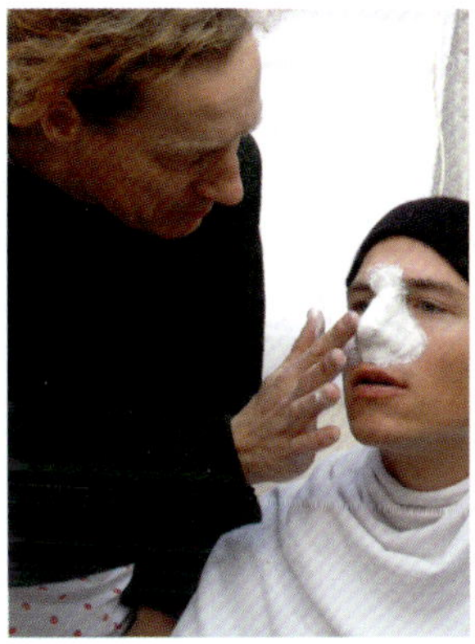
Abformen einer Nase

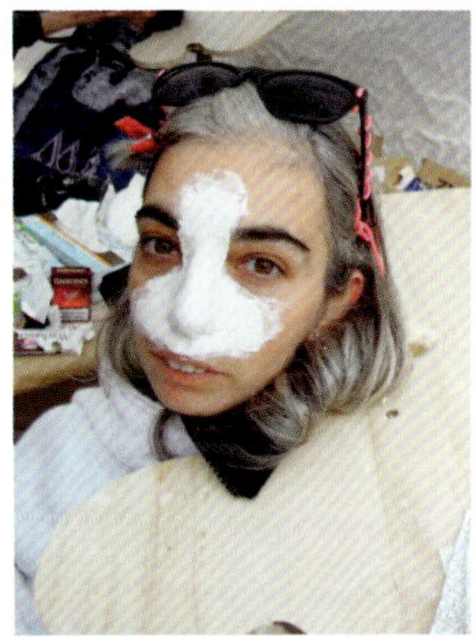
Der Gips härtet aus.

Gesammelte Nasen

Die Gruppe Gelitin besteht aus vier Künstlern, die immer gemeinsam arbeiten und weltweit Ausstellungen machen. Informationen findest du auf www.gelitin.net/nase.

Abb. links: Wachauer Nase, Modell aus Plastilin, ca. in Hasengröße
Abb. oben: Wachauer Nase, Beton, 2014, ca. 12 Afrikanische Elefanten schwer (60 t), St. Lorenz am südlichen Donauufer der Wachau

Beton: eine Mischung aus Zement, Wasser, Sand und Kies. Im trockenen Zustand ist Beton sehr hart und fest. Eingelegtes Eisen erhöht seine Festigkeit.
Zement: zählt zu den Bindemitteln. Er erhärtet durch die chemische Reaktion mit Wasser und bleibt danach fest. Zement besteht vor allem aus gebranntem Kalkstein und Ton.

?!

Keramik
Flechten mit Ton

Herstellen von Tonplatten

Sorgfältiges Flachklopfen:
Damit der Ton nicht festklebt, öfter umdrehen, beidseitig klopfen.

Auswalzen mit Hilfe zweier Leisten:
Rollen in verschiedene Richtungen vermeidet Spannungen.

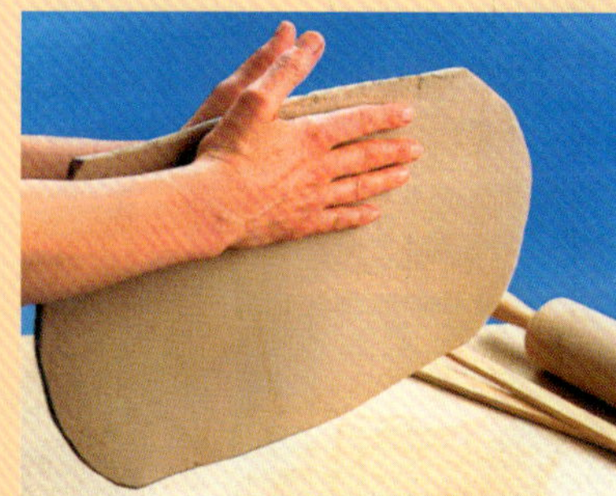

Vorsichtiges Wenden einer Platte:
Beim Wenden die Platte zwischen den flachen Händen halten.

Ausgangsmaterial für die hier gezeigten Ideen sind Tonplatten. Für das Flechten eignen sich 5–7 mm starke, für das Aufbauen 10–12 mm starke Platten.

Cornelia Koller, Keramikkorb, 2002

Streifen schneiden und flechten.
Für das Flechten kannst du verschiedenste Hohlformen wie Schachteln, Teller, Schüsseln und Ähnliches verwenden. Flechte in die Form hinein und lass die Tonstreifen darin trocknen. So entstehen bei der Schwindung (siehe S. 55) keine Risse. Vorsicht beim Herausnehmen und Transportieren, denn trockener, ungebrannter Ton ist sehr zerbrechlich.

?!

Platten schneiden

Für gerade Schnitte Leiste verwenden.

Platten verbinden

Wände auf die Bodenplatte stellen, Verbindungsstellen aufrauen, mit Schlicker bestreichen …

… und aneinander drücken. Holzklötze erleichtern die Arbeit.

Verbindungsstellen verstreichen.

Plastische Oberflächen

Mit Stempeln, Kordeln oder Rollstempeln aus Gips lassen sich Strukturen in die Oberfläche eindrücken.
Gipszylinder kann man leicht mit Hilfe von Kartonrollen herstellen.

Tonstempel

Barbara Beranek, Keramiktasche, 2003

FORMBARKEIT: Ton ist nur formbar, solange er feucht genug ist. SCHWINDUNG: Ton zieht sich zusammen, wenn das Wasser verdunstet. Dies passiert beim Trocknen und Brennen. Insgesamt wird das Objekt um 5–10 % kleiner. TROCKNEN: Ton wird fester, ist dann aber bruchempfindlich und kann durch Wasser wieder aufweichen. BRENNEN: Nach dem Rohbrand bei ca. 950 °C ist der Scherben viel stabiler und nicht mehr formbar. Mit dem Glasurbrand (1020 °C–1240 °C) lässt sich eine glatte und dichte Oberfläche erzielen.

?!

Plastik
Ton

Wißmannstraße, 1997, 30 x 35 x 37 cm

Löwenzahn, 1997, ca. 150 cm

Thomas Stimm

Thomas Stimm (*1948 Wien) liebt es, Größenverhältnisse umzudrehen. Seine Blumen sind oft menschengroß, seine Menschen hingegen so klein wie Spielzeug.

„Arbeiten mit Ton ist, wie wenn man plastisch zeichnet. Jeder Fingerabdruck bleibt erhalten. Seit einigen Jahren schon mache ich immer wieder dieselbe Blume. Ich fühle mich ihr verwandt. In der Kunst sollte jede Äußerung möglich sein. Wie in einem Garten. Ich komme von der Pop-Art und bin mehr von der Rockmusik geprägt als von der Moderne. Ich habe mir viel von meiner Tochter abgeschaut und mit Schrecken bemerkt, was ich bereits verlernt hatte."
(Thomas Stimm)

Mein Heimatplanet, 1998, 70 x 65 x 42 cm

?!

Viele Künstler und Künstlerinnen begnügen sich nicht mehr mit Ausstellungen in Galerien. Sie nutzen das Internet, um Ihre Ideen zu verbreiten, z. B. Thomas Stimm mit: http://www.terranian.com

Material und Werkzeug:
Leere Milchpackung als Gussform für einen Gips- oder Betonsockel oder Holzbrett zur Befestigung eines rostfreien Drahts, Blumendraht, Nägel, Zange, Hammer, Zeitungspapier, Kleister, Farben.

Dolores Stuttner, O.T., 2003

Abb. oben: Alberto Giacometti, Der Hund, 1951, Bronze, 46 x 98 x 15 cm
Abb. rechts: Alberto Giacometti, Der schreitende Mann, 1960, Bronze, 189 x 26 x 110 cm

Alberto Giacometti

Alberto Giacometti (1901 Stampa/Schweiz – 1966 Paris)
Im Mittelpunkt seiner Arbeit steht die menschliche Figur. Im Laufe der Zeit wurden seine Figuren immer zarter und dünner.

Peter Rogiers

Peter Rogiers (*1967 Antwerpen) lässt Figuren gegen die Gesetze der Schwerkraft kämpfen.

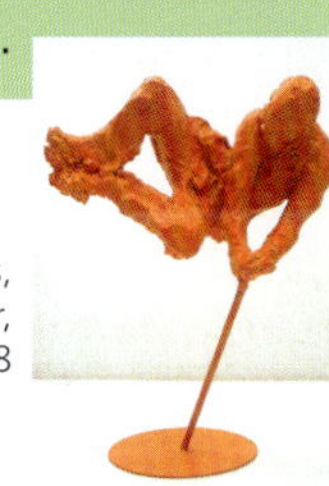

Peter Rogiers, O.T., Polyester, 1998

Mehr über die Werkstoffe Gips und Beton findet ihr im Kapitel Relief (S. 52/53).

?!

58 Erweiterte Bildhauerei

Handlungsformen der Skulptur

Erwin Wurm

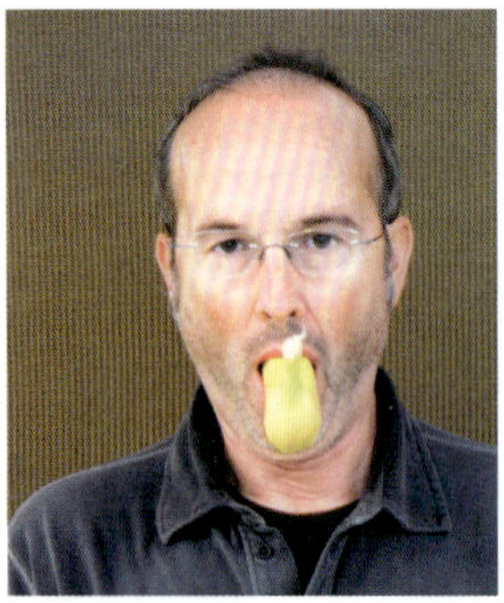

Künstler des Jahres 2007, 2007

Der Bildhauer Erwin Wurm (*1954, Bruck an der Mur) arbeitet am Volumen (dick, dünn, hauchdünn). Er bedient sich ungewöhnlicher Materialien und fragt sich dabei „Was ist eine Skulptur?“.

durch dick und dünn

JAKOB/JAKOB FAT, 1994

Untitled (Hamlet), 2007

Fat Convertible, 2005

?!

Bei seiner Beschäftigung mit der Bildhauerei kann bei Erwin Wurm alles zur Skulptur werden: von seinen One Minute Sculptures, schiefen, dicken oder krummen Autos über dicke und dünne Häuser bis zum einfachen Essiggurkerl. Er macht auch Videos, fotografiert und zeichnet. Er schafft sich dabei sein eigenes Kunstuniversum.

Aktion 59
Minuten-Skulptur

Mit seinen Arbeiten der Minuten-Skulpturen bezieht er Freunde und Publikum in seine Kunst ein. Es geht darum, 60 Sekunden in einer Position stillzuhalten und fotografiert zu werden. Fertig ist die Minuten-Skulptur.

Mit Anleitung zum Kunstwerk

Nur hier echt!

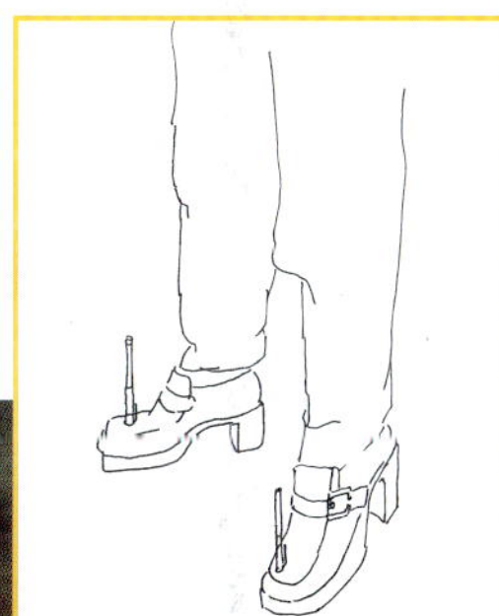

One Minute Sculpture
Instruction drawing, 1998,
Realisierung, 1998

One Minute Sculpture, 2011 (Zwei im gelben Pullover)

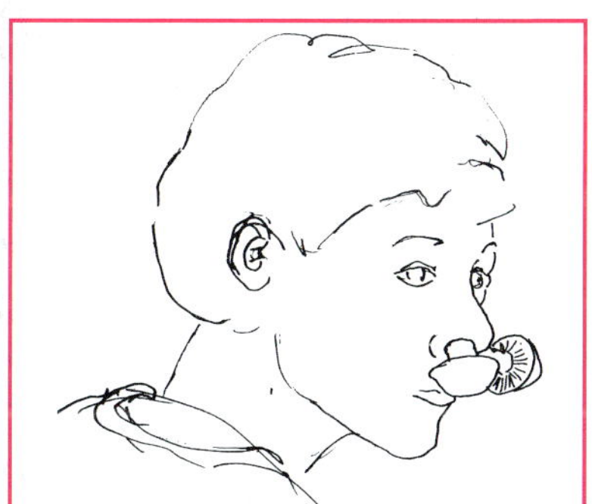

One Minute Sculpure, Instruction drawing, 1998, Realisierung, Taipei, 2000

Lust gekriegt?
Zeichne deine eigenen Anleitungen und fotografiere deine Freunde und Freundinnen.

?!

60 Design
Ein Auto kommt nicht vom Fleck …

Autodesign

Mit Skizzen wird die neue Linie entwickelt. Nach der Entscheidung für eine Grundform werden Modelle aus Ton geformt, um die plastische Form überprüfen zu können.
Auf der Suche nach originellen Formen wird auch auf Altes zurückgegriffen: Die Grundform des Käfers wurde ab 1938 gebaut. 60 Jahre später taucht sie wieder auf, bei Bedarf auch bunt bemalt.

Fast alle unsere Gebrauchsgegenstände werden industriell hergestellt. Automatisierte Produktion und hohe Stückzahlen ermöglichen niedrige Herstellungskosten.

Am Beginn der Produktion stehen Planung und Entwurf: das Design. Designerinnen und Designer suchen die Formen passend zur **Funktion** des Gegenstandes. Sie müssen dabei den technischen Aufbau, das Material und die Produktionsmöglichkeiten im Auge behalten und gleichzeitig Rücksicht auf die Kosten und die Wünsche der Kunden nehmen. Ihre Kunst besteht darin, das „alles unter einen Hut“ zu bringen.

Oft geht es aber auch nur darum, einer alten Funktion ein neues Gewand zu geben. Nicht nur im Modedesign werden die Formen rasch gewechselt, um uns zum Kauf anzuregen – die guten alten Stücke sind auf einmal altmodisch.

?!

Man sollte meinen, Sessel seien ein längst gelöstes Designproblem. Weit gefehlt!

… und ein Schnuller geht um die Welt

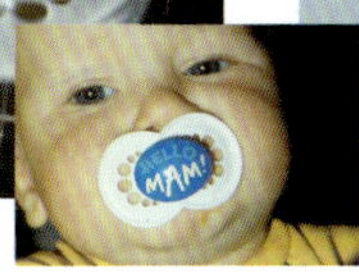

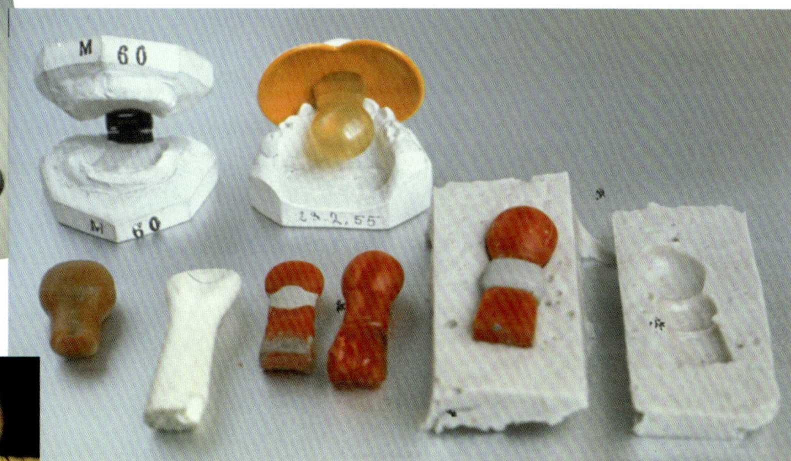

Jeder von uns kennt ihn und kaum jemand weiß, dass er ein Österreicher ist: der berühmteste **Schnuller** der Welt.
Um das Schreien und wohl auch um das Daumenlutschen zu verhindern, steckte man Kindern alles Mögliche in den Mund. Dabei bedachte man kaum, dass ein schlechter Schnuller auch den Kiefer verformen konnte. *Ernst Beranek* suchte und fand eine Lösung. Nach der Untersuchung der vorhandenen Schnullertypen und einer Analyse vieler kindlicher Kiefer und Gaumen entstand eine neue Form.

Auch der Schild des Schnullers blieb nicht kreisrund, sondern wurde flacher, um nicht dauernd an der Nase anzustoßen. Der vertraute Ring für ein möglicherweise gefährliches Band wurde weggelassen. Dafür gibt es eine praktische Verpackung. Farben sorgen für Abwechslung.
Ein besonders wichtiger, aber auch schwieriger Aufgabenbereich ist **„Soziales Design“**. Dabei wird versucht, Menschen mit Behinderungen das Leben zu erleichtern und zu verschönern. Auch ein Rollstuhl kann schnittig aussehen.

Abb. links oben: untersuchte Schnuller
Abb. rechts oben: Kieferabgüsse, Formbeispiele, Gussform und der fertige Schnuller
Abb. links unten: Verpackung und Kunde
Abb. unten: Kid Competition, ein Rollstuhl für besonders aktive Kinder mit auswechselbarem Speichenschutz

Der Designer James Auger stellte 2001 sein „Zahntelefon“ vor. Eine kleine Computerplatine im Zahn empfängt die Telefonwellen und leitet sie als Schallwellen direkt ins Gehörzentrum weiter. Die Idee war eher als Spaß gedacht, prinzipiell könnte sie aber schon bald realisiert werden.

?!

Design

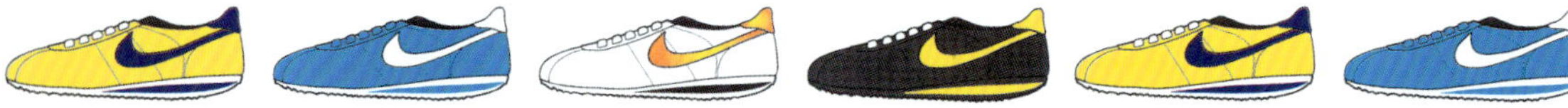

Lauf-, Turn-, Basketball-, Skater-, Tennis- und Fußballschuh. Am Anfang steht die Zielvorgabe des Produzenten, welcher Sportart der Schuh dienen soll.
Zum Beispiel dem Laufsport. Der neue Schuh soll Läufer/innen schneller machen, mehr Komfort bieten, Gelenke schonen und den Fuß stützen und führen. Um diese Ziele zu erreichen, muss ein Team unterschiedlicher Experten zusammen arbeiten. Sportmediziner analysieren Bewegungsabläufe, Werkstoffwissenschaftler testen neue Materialien, Designer arbeiten am Form-, Funktions-, und Farbkonzept, Produktionstechniker gewährleisten die industrielle Fertigung und Sportler/innen testen die Prototypen.

?!

PROTOTYP: die erste zur Erprobung und Weiterentwicklung bestimmte Ausführung eines Produkts vor der Serienproduktion.
MARKETING: alle Aktivitäten, die dem Verkauf eines Produktes dienen und im Hinblick auf den Kunden gesetzt werden.

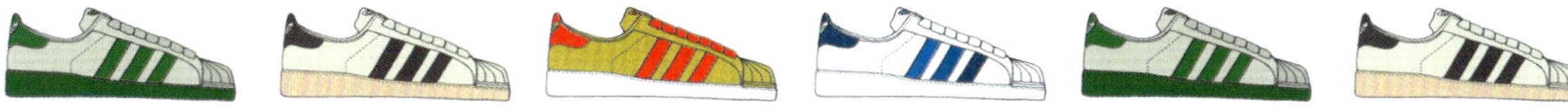

Mit Hilfe des Marketing lässt sich auch billig produzierte Ware teuer verkaufen: Viele Markenfirmen lassen billig von Zulieferunternehmen in Asien produzieren. Damit übernehmen die Markenfirmen nicht die Verantwortung für die Arbeitsbedingungen in den sogenannten „sweatshops“: Kinderarbeit, unbezahlte Zwangsüberstunden, Löhne unter dem gesetzlichen Minimum und Gewerkschaftsverbot. In einem 100-Euro-Schuh stecken nur 40 Cent Lohnkosten. Über 40 Euro fließen in das Branding und die Werbung.

Schuherzeuger stehen im harten Wettbewerb um Marktanteile. Sie brauchen Werbeträger. Nike zahlte dem brasilianischen Fußballnationalteam für das Tragen von Nikes 300 Millionen US Dollar.

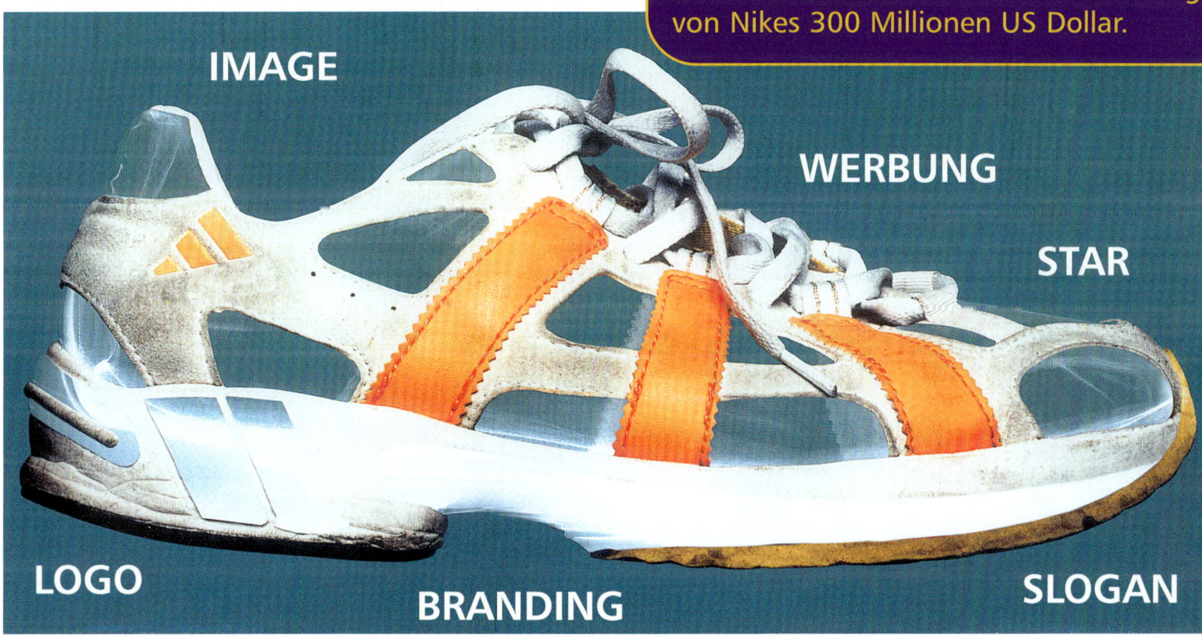

Gutes Design allein ist für einen Verkaufserfolg noch zu wenig.
Bei den meisten Menschen ist der wahre Kaufgrund das Gefühl, die Ware passe zu ihnen, sie stehe ihnen zu, sie stimme mit der eigenen Persönlichkeit überein. Um dieses Gefühl zu vermitteln, arbeiten Marketingstrategen hart am Image eines Produktes.

IMAGE: ein Bild, das eine Person oder eine Gruppe von einer anderen Person, Gruppe oder Sache hat.
LOGO: ein Wiedererkennungsmerkmal, z. B. ein markanter Schriftzug.
BRAND: Marke. Daher ist Branding das Schaffen einer Marke.
SLOGAN: Werbespruch. Wirkungsvoll sind 3- bis 7-Wörter-Slogans („just do it“, ...)

?!

64 Recycling + Mode

1

Die Kleidung ist die zweite Haut des Menschen. Sie wärmt und schützt uns. Aber Kleidung ist auch mehr. Mit ihr zeigt man, wer man ist oder wer man gerne sein möchte. „Kleider machen Leute“, sagt ein altes Sprichwort.

2

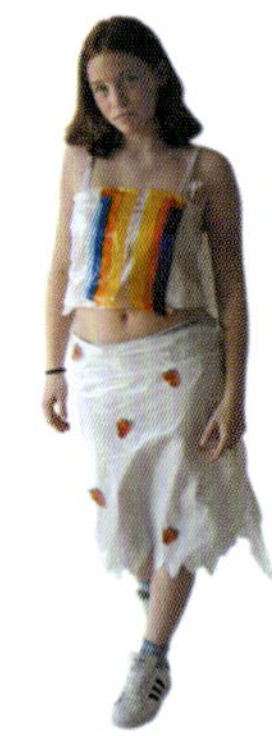
3

4

5

6

Wie wird die Mode? Bunt, abwechslungsreich, frech und vielfältig? Wie sieht er aus, der Look, der Trend für die neue Saison? Kommt das Revival des Hippie- oder Westernstils? Neue Accessoires zum Verlieben?

7

8

9

10

?!

Highfashion

muss nicht kompliziert sein: Recycling-Materialien, Schere, Kleber und Heftklammer. Schon hängt das Traumstück in deinem Schrank!

11

12

13

14

15

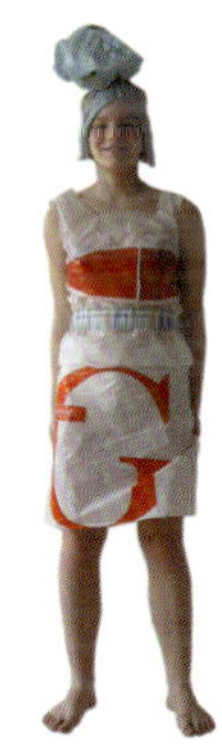

16

1 Thomas Beretits, 2 Bernhard Csengel, Gerhard Weisskirchner, 3 Kerstin Kneidinger, 4 Ana Suput, 5 Thomas Bibaritsch, 6 Martina Mischka, Elisabeth Müller, 7 Bianca Mayer, Nina Vavra, 8 Katrin Wammerl, 9 Raphaela Metz, 10 Verena Wodacek, Patricia Rührig, 11 Denise Görlach, 12 Gerhard Weisskirchner, 13 Patrick Hohenecker, Thomas Matiz, 14 Fabian Unterhofer, 15 Lisa Bauer, Raphaela Metz, Bianca Mayer, 16 Nina Vavra, 17 Stefanie Rösinger, 18 Fiona Poppenwimmer, Marianne Mihola, 19 Thomas Bibaritsch.

17

do it

Diesmal: ein Trendlook zum Selbermachen

18

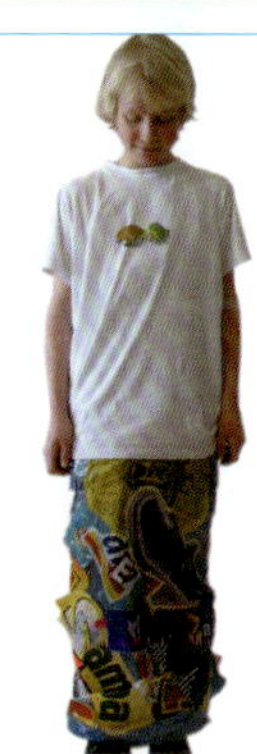

19

?!

66 Eros …

Impuls: schauen • denken • reden

?!

1, 14 Richard Avedon für Versace, S. Stallone und C. Schiffer, 1995. Adam und Eva? 2 Rote Lippen. Wozu und für wen? 3 Mattel, Barbie. Eine Idealfigur? 4 Man Ray, Meret Oppenheim, 1933. Die Frau als Instrument? 5 Pierre et Gilles, Matrosen für das Parfum „le mâle“, 1995. Wie männlich ist das? 6 Goya, „Maya“, nackt und bekleidet gemalt, 1795. Enthüllen und verstecken?

… und Verführung

reizen • verbergen • idealisieren

10

7

12

14
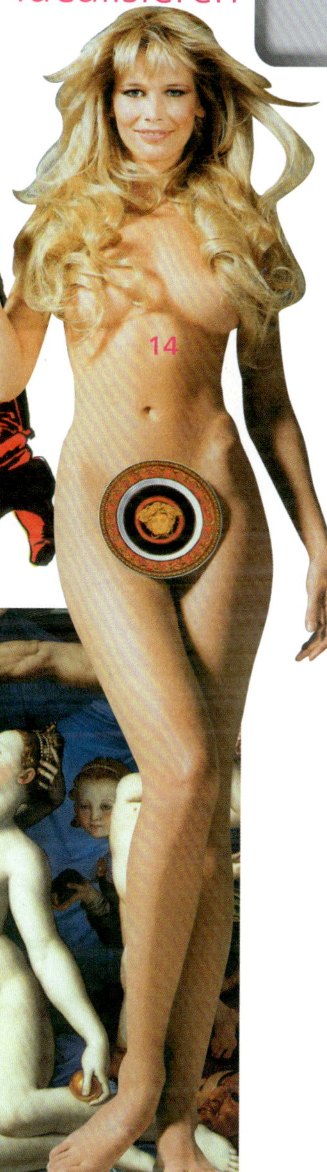

8

11

13

9

7 tvmedia. Sex sells? 8 James Cameron, „Titanic", 1997. Vor dem Kuss. 9 Gustav Klimt, „Der Kuss", 1908. Sehnsucht nach Glück? 10 Sandro Botticelli, „Die Geburt der Venus", ca. 1485. Ein Sinnbild der Liebe. 11 Toby Gard, Lara Croft, 1994. Ihr Brustumfang wurde später verringert. Für welche Zielgruppe? 12 Frank Miller, Daredevil und Elektra, 1989. Jugendfreie Körperbetonung? 13 Bronzino, „Allegorie der Liebe", 1550. Noch eine Venus – ein Pin-up?

?!

68

Das Kapital hängt an der Wand

Bilder als Handelsware und als Spekulationsobjekte

Abb. oben: Vincent van Gogh, Dr Gachet, 1890
Abb. unten: Peter Paul Rubens, Bethlehemitischer Kindermord, Präsentation des Bildes bei der Versteigerung 2002 (siehe auch Seite 48)

Vor über hundert Jahren verkaufte die Schwägerin van Goghs das „Bildnis des Dr. Gachet" für ca. 1 000 Euro. Zehn Jahre danach wechselte es den Besitzer um 5 000 Euro. In immer neuen Auktionen stieg der Preis unaufhaltsam weiter. 1990 schließlich ging es um mehr als 82 000 000 Euro an einen japanischen Unternehmer.

Solche Preissteigerungen sind natürlich selten. Die Bilder anerkannter „Alter Meister" gelten aber stets als wertbeständig und werden nicht nur der Kunst wegen, sondern auch als krisensichere Geldanlage erworben.

Die **Auktionshäuser**, in denen Kunst zu diesen Preisen ersteigert wird, entstanden im 18. Jahrhundert aus der Notsituation verarmter Adeliger, die von ihren ererbten Kunstschätzen lebten.

Oft hängen wertvolle Werke auch lange unerkannt in weniger bedeutenden Sammlungen. Ihre Entdeckung kann die Besitzer dann über Nacht sehr reich machen.

Bis 2002 galt ein „Bethlehemitischer Kindermord" aus dem 17. Jh. als Arbeit eines unbedeutenden Rubensschülers. 2002 wurde es von Mitarbeitern eines Auktionshauses als echter Rubens erkannt. Der Weg des Bildes konnte ermittelt werden und belegte die Echtheit. Das Werk ging um 77,5 Millionen Euro an einen kanadischen Sammler, der es an ein Museum verlieh.

?!

Auch nicht schlecht: Jawlenskys „Heilandsgesicht", 1922, Öl auf Karton, stieg von seinem Schätzwert von 200 000 auf 368 000 Euro (siehe auch Seite 10).

Kaufen, sammeln und ausstellen

… und kann man von Kunst leben?

Mit den ersten gelungenen Werken oder mit dem Abschluss einer künstlerischen Ausbildung stellt sich für jede Künstlerin und jeden Künstler das Problem, wie für die Arbeit auch Geld zu bekommen ist. Die neuen Farben oder das Atelier wollen bezahlt werden.

Viele Künstler/innen versuchen es zunächst mit selbst organisierten kleinen **Ausstellungen** in Cafés, Büros oder Banken. Wenn ein erster, kleiner Erfolg genutzt werden soll, sind professionelle Galerien unumgänglich.

Galerien bauen ihre Künstler auf und sorgen dafür, dass in den Medien über sie berichtet wird. Sie organisieren Ausstellungen, stellen Kontakte zu Sammlern und Museen her und präsentieren die Arbeiten auf **Kunstmessen**.

Ausstellungskataloge mit guten Fotos und Texten können dazu beitragen, dass Künstler/innen bekannter werden. Für diese Leistungen verlangen Galerien etwa 50% des Verkaufspreises. Erfolgreiche Künstler/innen werden meist von mehreren Galerien vertreten.

Preise festzulegen, gehört zur höchsten Kunst. *Eine von vielen Möglichkeiten dafür ist: Länge und Breite des Bildes in cm addieren und die Zahl mit 10 multiplizieren. So kommt man bei einem Bild von 50 x 50 cm auf 1 000 Euro, bei 100 x 100 cm auf 2 000 Euro. Junge Einsteiger/innen werden wohl billiger anbieten müssen. Erfolgreiche und international bekannte Künstler erreichen für große Arbeiten Preise im Millionen-Euro-Bereich.*

Das Museum Liaunig in Neuhaus/Suha ist ein privates Kunstmuseum in Kärnten. Es zeigt die Privatsammlung des Industriellen und Kunstsammlers Herbert W. Liaunig, eine der umfangreichsten Sammlungen österreichischer Kunst ab 1950. Das Museum wurde von dem Wiener Architektenteam querkraft geplant. Liaunig wollte einen industriellen Look aus Beton und Stahl. Der größte Teil des Baues liegt im Inneren eines Hügels, der Hauptraum ist der White Cube, ein 160m langer, 13m breiter und 7m hoher Raum. Das Licht kommt durch die Decke, die Wände sind frei für Kunst. An den beiden Enden ragt der Raum aus dem Hügel heraus, auf der einen Seite 30m zur Bundesstraße. Das Museum wurde bereits vier Jahre nach Fertigstellung unter Denkmalschutz gestellt.

Zum **Kunstmarkt** gehören **Sammler**. In vielen Ländern gehört das Sammeln von Kunst unter wohlhabenden Bürgern und Firmen zum guten Ton. Die reichsten Sammler geben im Jahr bis zu 100 Millionen Euro aus.
In **Österreich** sammeln die Republik, Länder und Gemeinden für ihre Museen. Banken und Versicherungen bauen Sammlungen auf, um ihr Image zu pflegen. Die Privatsammlungen Leopold und Liaunig gehören zu den größten.

Von den in Österreich lebenden Künstlern und Künstlerinnen können ca. 10% von ihrer künstlerischen Arbeit leben.

?!

70 Künstler/innenleben

Für künstlerische Berufe gibt es Ausbildungsstätten, …

Diese Biografien sind frei erfunden. So ungefähr hätte es aber sein können …

im 12. Jahrhundert: ein Maler

Als Kind kommt er zu einem Meister und lernt das Handwerk.

Er arbeitet gemeinsam mit anderen in einer Werkstatt.

Der Bischof gibt der Werkstatt den Auftrag für ein Wandgemälde.

am Ende des 15. Jahrhunderts: ein Bildhauer

Als junger Mann wird er Lehrling eines Bildhauermeisters.

Er arbeitet in einer Werkstätte, in der viele Techniken erlernt werden können.

Nach einigen Jahren ist er Meister in einer Künstlergilde. Er erhält einen Auftrag vom Fürsten.

im 18. Jahrhundert: ein Landschaftsmaler

Aufgrund seiner bisherigen Arbeiten wird er in die Königliche Akademie aufgenommen.

Er arbeitet auf einem Dachboden, den er nicht mehr Werkstätte, sondern Atelier nennt.

Ein reicher Kaufmann und Mäzen erteilt ihm den Auftrag, seinen Landsitz zu malen.

Mitte des 20. Jahrhunderts: eine Malerin

Sie besucht eine berühmte, private Kunstschule. Hier verspricht sie sich die beste Ausbildung.

Mit anderen Künstlerinnen mietet sie sich ein gemeinsames Atelier in der Hauptstadt.

Sie schließt einen Vertrag mit einem Kunsthändler ab. Er soll sich um den Verkauf kümmern.

?!

Österreich am Anfang des 21. Jahrhunderts: ein Maler

Schon als Kind war ich ein guter Zeichner.

Ich war fleißig und kam an die Kunstuniversität.

Geschafft! Nach 5 Jahren bekam ich mein Diplom.

Unser Maler hat bei dieser Arbeit den Heiligenschein vergoldet.

Die Arbeit gefällt. Die Werkstatt soll die große Kathedrale ausgestalten.

Die Menschen strömen in die Kathedrale. Nirgendwo sonst gibt es so prächtige Bilder.

Pantokrator, San Clemente, 12. Jh.

Stolz schmückt der Fürst seine Sammlung mit dem Werk. Die anderen Sammler beneiden ihn.

Der Papst will sich seinen Palast umbauen lassen. Der Künstler hat auch das gelernt. Ein neuer Auftrag.

Er wird von allen bewundert. Ein berühmter Autor schreibt seine Biografie. Der Ruhm ist gefestigt.

Michelangelo: Moses, Rom, 1513

Seine Landschaftsgemälde werden im Salon ausgestellt. Neue Auftraggeber bestellen Arbeiten.

Seine bekanntesten Bilder werden als Druckgrafiken vertrieben, eine zusätzliche Einnahmequelle.

Sein Ruhm und sein Erfolg wachsen. Er wird Mitglied der Akademie und erfolgreicher Portraitmaler.

Thomas Gainsborough: Mr. and Mrs. Robert Andrews, 1748

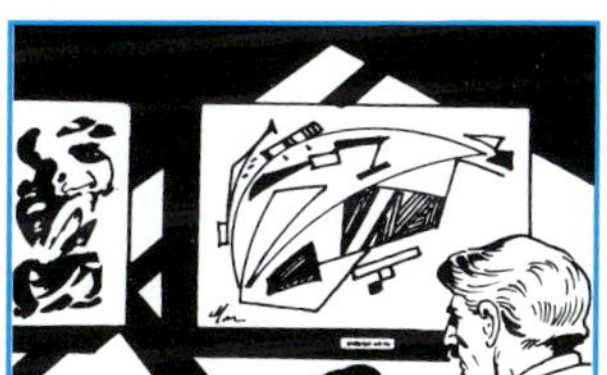
Die erste Einzelausstellung erhält gute Kritiken in vielen wichtigen Kunstzeitschriften.

Internationale Sammler zeigen sich interessiert und besuchen ihr Atelier. Ein Museum kauft ein Bild.

Ihre Bilder sind in den wichtigen Kunstbüchern zu sehen. Alle Sammler wollen ein Bild von ihr.

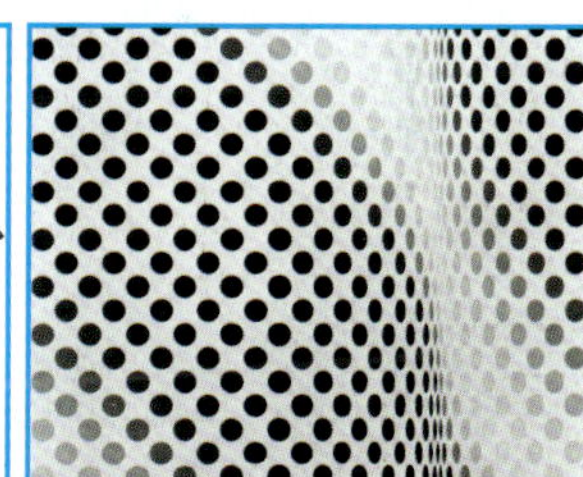
Bridget Riley: 4. Pause, 1964

Erste Ausstellung! Die Gäste kümmern sich um Essen und Trinken, weniger um meine Bilder.

Jetzt fahre ich nachts Taxi und male am Nachmittag. Es ist nicht leicht, von Kunst zu leben.

?!

… Aber das war es auch in früheren Zeiten nicht!

72 Renaissance

Klar und übersichtlich

Renaissancekünstler/innen betrachten die Welt mit den Augen der Wissenschaften. In allen Dingen der Natur entdecken sie Gesetzmäßigkeiten und setzen diese in ihren Werken um. In der Architektur werden Gebäude nach bestimmten Maßverhältnissen konstruiert, damit sie klar und harmonisch wirken. In der Malerei wird die Perspektive angewandt, um in Bildern Raumtiefe zu erzeugen. Figuren werden so gemalt, dass sie plastisch und natürlich erscheinen. In der Bildhauerei wird die Anatomie genau studiert und die Figuren strahlen Ruhe und Selbstsicherheit aus.

P. Perugino, Schlüsselübergabe an Petrus,1481
Michelangelo, David, Florenz, 1501–04
F. Brunelleschi, San Lorenzo, Florenz, 1421

Abb. rechts: nach Hans Holbein: Heinrich VIII., ca. 1560–73 (Kopie)

?!

Renaissance heißt Wiedergeburt. Gemeint ist die Erinnerung und die Auseinandersetzung mit der Antike.

Barock
Prunkvoll und bewegt

P. P. Rubens, Venusfest, 1637
J. T. Stammel, Die Hölle, 1760
Prandtauer/Muggenast, Stift Melk, ab 1702

Im Barock werden Menschen gern in dramatischen und turbulenten Situationen gezeigt. Manches in den Bildern ist hell erleuchtet, anderes liegt in geheimnisvollem Schatten. So werden Raumtiefe und Spannung erzeugt. Die Bildhauerei legt Wert auf Bewegung und Ausdruck in den Gesichtern, Leidenschaft und Emotion sollen sichtbar sein. In der Architektur werden Räume prunkvoll und üppig ausgestattet. Man sieht riesige Deckengemälde, geschwungene Wände und viel glänzenden Zierrat.

Abb. links: Hyacinthe Rigaud: Ludwig XIV., 1701

?! **Barock geht auf das portugiesische Wort „barocco" zurück, den Begriff für eine unregelmäßige Perle.**

74 Das Barockschloss Schönbrunn

Johann Bernhard Fischer von Erlach

Das wäre was geworden! Um 1689 entwirft **Fischer von Erlach** ein Fantasieschloss, um zu zeigen, was ihm alles einfallen könnte, wenn er dürfte. Dem österreichischen Herrscher Leopold I. machte er damit Lust darauf, den französischen König an Pracht zu übertreffen.
Es ging sich mit dem Geld aber doch nicht aus. Realisiert wurde eine bescheidenere Lösung. Das Schloss blieb im Tal, am Berg entstand nur ein Pavillon, die Gloriette.

?!

Die Arbeitsplätze der adeligen Gesellschaft

Bei Hof brauchte man Platz. Die Arbeit der hier täglich versammelten adeligen Gesellschaft bestand darin, miteinander zu sprechen, sich zu unterhalten und aufzupassen, dass niemand wichtiger wurde als man selbst.
Dazu musste man im **Garten** herumgehen, in der **Großen Galerie** stilsicher und perfekt tanzen, über die neuesten Moden in der Malerei, Musik und Literatur kenntnisreich plaudern können. Für intimere oder geheimere Gespräche gab es kleine **Salons**, hier ließen sich trefflich günstige Eheschließungen anbahnen und raffinierte Intrigen spinnen.

Abb. 74 oben: Fischer von Erlach, Entwurf für ein Schloss, 1689, kolorierter Druck
Abb. 74 links unten: Luftaufnahme des realisierten Schlosses in einem Barockrahmen
Abb. 74 unten: Hetzendorf von Hohenberg, Gloriette, 1772–75
Abb. links oben: Dominil Girard, Garten im Schloss Augustusburg/Brühl, 1728
Abb. rechts oben: Große Galerie des Schlosses Schönbrunn, 1760, Deckenbilder von Gregorio Guglielmi
Abb. rechts unten: Das Chinesische Kabinett des Schlosses Schönbrunn, um 1760

Der Glanz und der demonstrativ gezeigte Reichtum täuschen über die schattigeren Seiten dieser Zeit hinweg: Kriege, Not und Ausbeutung der nicht adeligen Menschen. Der Glanz verdeckt aber auch die Verschuldung vieler Adeliger und die hygienischen Zustände: Man ging aufs „Topferl", bzw. man ließ es sich bringen. So konnte man weiter Karten spielen.

?!

76 Kunst aus der Kammer ...

Der Romantiker Caspar David Friedrich (1774–1840)

Georg Friedrich Kersting, Caspar David Friedrich in seinem Atelier, 1811, Öl auf Leinwand, 54 x 42 cm, Hamburg

Caspar David Friedrich, Kreidefelsen auf Rügen, 1818, Öl auf Leinwand, 90 x 70 cm, Stiftung Reinhart, Winterthur

C. D. Friedrich war vor allem wegen seiner eindrucksvollen Landschaftsbilder berühmt. Er wanderte viel und hatte immer Skizzenblock, Bleistift, Feder und Aquarellfarben mit. Damit sammelte er seine Eindrücke für spätere Bilder. Die entstanden im Atelier. Auf unserem Bild sieht man Friedrich vor seiner Staffelei. Am Tisch liegen sein Skizzenbuch, Farbpigmente und Bindemittel.

Die Kreidefelsen gibt es wirklich. Sie waren – und sind immer noch – ein beliebter Aussichtspunkt. Der Ausblick wird von dunklen Bäumen umrahmt. Gemeinsam mit den Besuchern schauen wir in die gefährliche Tiefe der Klippen oder, wie der Mann am rechten Rand, auf das Boot. Es führt unsere Gedanken auf eine Reise in die Ferne, irgendwo dort im Dunst. Wir können durch das Bild dabei sein und dabei in der Kammer bleiben.

?!

Die Palette: Freundin aller Malerinnen und Maler: Auf ihr kann man die Farben vorbereiten und mischen. Sie liegt leicht in der Hand und man kann sich damit bewegen, die Farben sind immer dabei.

… und aus der frischen Luft

Der Impressionist Claude Monet (1840–1926)

Nichts wie hinaus aus der Stadt! Nie wieder die Natur im Atelier aus der Erinnerung zusammenstellen, sondern sie an Ort und Stelle malen. Hell und, wenn es geht, ohne Braun. Das sich verändernde Licht, die wandernden Schatten, den Nebel, die gleich untergehende Sonne sofort auf einem Bild festhalten – bevor alles wieder weg ist.

So ungefähr dachten die **Impressionisten**. Sie waren eine Gruppe französischer Maler mit ähnlichen Zielen. Ihren Namen erhielten sie bei ihrer ersten gemeinsamen Ausstellung von einem Kritiker. Er nahm einfach den Titel eines Bildes von Monet. Es sollte ein Schimpf- und Spottname sein und die Maler als „Schmierer" abwerten.

Heute werden sie geschätzt, weil sie den frischen, luftigen Eindruck – *die Impression* – eines Augenblicks für uns festgehalten haben.

Abb. oben: Edouard Manet, Monets schwimmendes Atelier, 1874, Öl auf Leinwand, 82 x100 cm, Neue Pinakothek, München
Abb. rechts oben: Claude Monet, Impression – aufgehende Sonne, 1872, Öl auf Leinwand, 48 x 63 cm, Marmottan, Paris
Abb. rechts unten: Claude Monet, Weg in Monets Garten, 1902, Öl auf Leinwand, 89 x 92 cm, Österreichische Galerie, Wien

?!

Die Farbtube: Mit ihr kann man fertig angerührte Farben mitnehmen – und sie trocknen nicht aus. Endlich Ölmalerei im Freien!

78 Historismus, Jugendstil, Moderne

Was sich in 100 Jahren alles ändern kann

Abb. links: Beispiele der Architektur des Historismus, Votivkirche, Ansicht und Halle des Parlaments, Stiegenhaus der Staatsoper, alle in Wien, 19. Jh.,
Abb. oben: Beispiele der Architektur des Jugendstils, Dach des Gärtnerhauses im Park Guell (Architekt: Antoni Gaudí), Geschäftsportal, beide in Barcelona, um 1900

Die Architekten des 19. Jahrhunderts kannten sich in der Kunstgeschichte sehr gut aus. Durch Forschungsreisen und Bücher waren sie mit der Vielfalt der Formen aller Zeiten und Länder vertraut. Sie bewunderten die „Historie", die alten Meister, und versuchten sie zu übertreffen. So war es möglich, dass zur gleichen Zeit gotische Kirchen, griechische Tempel und halbbarocke Stiegenhäuser nebeneinander entstehen konnten.

Auch wenn die Architektur so tat, als ob alles beim Alten geblieben wäre, veränderte sich die Welt.
Um 1900 versuchten Bauherren und Architekten für ihre neuen Bauwerke auch neue Formen zu finden, der Fortschritt sollte auch sichtbar sein. Sie suchten neue, noch nie da gewesene Formen, frei von den alten Vorschriften, lebendig und jung: eine „Neue Kunst". Statt von alten Bauwerken, ließen sich viele Architekten von Pflanzen anregen. In Barcelona entwarf **Antoni Gaudí** Dächer aus zerbrochenen Fliesen, die mehr mit Parasolpilzen als mit gewohnten Dächern zu tun haben.

?!

Die Wiener Ringstraße ist ein riesiges Architekturmuseum. Hier entstanden im 19. Jh. neben großen Wohn- und Bürohäusern viele öffentliche Gebäude: Parlament, Universität, Staatsoper, Burgtheater, Museen usw.
Die gewaltige Bauleistung wurde möglich, weil die alte Stadtmauer abgerissen wurde.

Architekten gestalten die Welt immer wieder neu

Abb. oben: Jugendstil, Lifttüre in einem Stiegenhaus von Otto Wagner in Wien und Fenster eines Wohnhauses in Brunn am Gebirge, beide um 1900

Abb. rechts: Moderne, Haus am Michaelerplatz von Adolf Loos, Wien 1909/12; Seagram Building von Ludwig Mies van der Rohe, Philip Johnson, New York 1954/58; Villa Savoye von Le Corbusier, Poissy 1928/31 (© FLC Paris/VBK Wien); Farnsworth House von Mies van der Rohe, Illinois 1950/51

Stiegenhäuser laden in einen verwunschenen Wald ein und Fenster blühen auf. **Otto Wagner**, ein wichtiger österreichischer Architekt des Jugendstils, schmückte seine frühen Bauten gerne mit goldenen, in sich verschlungenen Ornamenten.

Aber auch der **Jugendstil** blieb nicht lange jung. Immer mehr Menschen betrachteten die üppigen Verzierungen als Verschwendung und als unzeitgemäß.

In der ersten Hälfte des 20. Jahrhunderts bestimmten klare Formen und glatte Flächen das Bild der **Moderne**. Zeitgemäße Materialien wie Glas, Beton, Stahl und Aluminium fanden Verwendung. Stahlbeton erlaubte schlanke und hohe Bauten, Glas war inzwischen preiswert und in großen Flächen herstellbar.

Anstelle der fürstlichen Schlösser wurden die nüchternen Fabrikbauten zu Vorbildern des Wohnbaus. Zweckmäßige und funktionsbestimmte Bauwerke entstanden.

„Altes" wird zunächst oft als lästig und schrecklich weggeworfen und erst später als wertvoll wieder entdeckt. Objekte des Jugendstils waren lange Zeit als „kitschig" verrufen und landeten auf dem Mist. Heute sind auch minderwertigere Gegenstände aus dieser Zeit selbst auf Flohmärkten nur noch sehr teuer zu bekommen.

?!

80 Schöne, zarte Linien
im Jugendstil

Abb. oben: Gustav Klimt, Werkvorlage für den Stocletfries, Darstellung der „Erwartung", auch „Die Tänzerin" genannt, Ausschnitt, 1908–1910

Der gesamte Fries ist etwa 2 Meter hoch und 8 Meter lang und befindet sich im Speisezimmer des Palais Stoclet in Brüssel. Das Palais wurde 1905–1911 im Auftrag des Großindustriellen Adolphe Stoclet erbaut. Der Architekt war Josef Hoffmann.

Abb. links oben: Ludwig von Zumbusch, Titelblatt der Zeitschrift Jugend, 1897, 27 x 20 cm
Abb. links unten: Isadora Duncan (1877–1927) tanzte barfuß und ohne Korsett. Sie gilt als Erfinderin des modernen Ausdruckstanzes.

Die Künstler und Künstlerinnen des Jugendstils waren in allen Bereichen des Lebens aktiv. Sie gestalteten Häuser, Möbel, Plakate, Zeitungen, Bühnenbilder, Kleidung und natürlich Gemälde. Alles sollte zusammenpassen und nach Möglichkeit kostbar sein.

Die Künstler ließen sich von verschlungenen, neu erfundenen feinen Ornamenten anregen und überzogen die Welt mit Pflanzen und prächtigen Blüten. Berühmte Tänzerinnen versuchten mit weiten Schleiern und fließenden Bewegungen das Aufblühen der Natur auf der Bühne darzustellen und wurden Modevorbilder.

Auffällig ist die Vorliebe der Künstler/innen für die Linie, klar umgrenzte Flächen und besonders fein abgestimmte Farben.

Nichts darf die Eleganz und Harmonie stören.

?!

Der Jugendstil war eine internationale Kunstrichtung zwischen etwa 1890 und 1914. Seinen Namen erhielt er von der 1895 in München gegründeten Zeitschrift „Die Jugend". In Frankreich hieß er Art Nouveau (arnu'vo:), im Englischen Modern Style und in Österreich nannte man ihn Sezessionsstil.

Kräftige, grobe Striche
im Expressionismus

1905: Wieder geht es gegen die offiziell anerkannte und artige Kunst los. Künstler in Paris bilden die Gruppe „**Les Fauves**" („Die Wilden"), in Dresden wird „**Die Brücke**" gegründet. Die jungen Künstler und Künstlerinnen rebellieren gegen den – ihrer Meinung nach langweiligen, verlogenen und alles beherrschenden – allgemeinen Geschmack.
Sie suchen unverbrauchte Formen und lassen sich vor allem von afrikanischer Kunst anregen. Sie malen mit grellen Farben und kräftigen Pinselstrichen, bei denen es nicht auf den Millimeter ankommt. Freiheit und Wildheit sind ihnen wichtiger als wohlerzogene Malerei.
Sie suchen den unverfälschten Ausdruck, die **Expression**.

Abb. oben links: Emil Nolde, Tanz um das goldene Kalb, 1910, Öl auf Leinwand, 88 x 105 cm, Staatsgalerie München
Abb. oben rechts: Emil Nolde, Zwei Tanzende Frauen
Abb. unten rechts: Erich Heckel, Sich duckende Frau, Holzschnitt, 1914

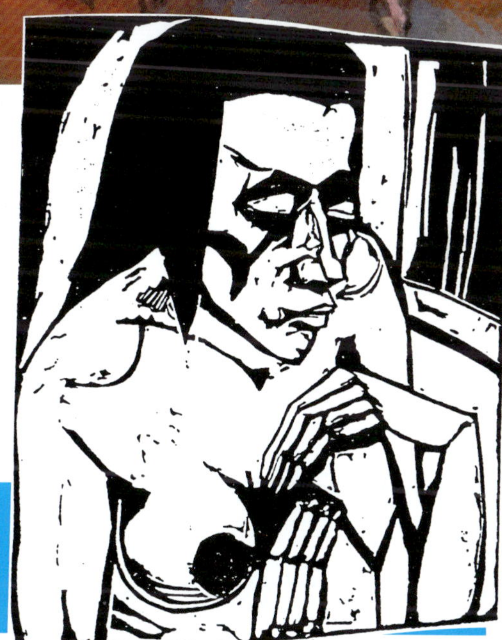

Die Nationalsozialisten beschimpften die Expressionisten als „entartet", verboten ihnen das Malen und Ausstellen und entfernten ihre Bilder aus den Museen.

?!

82 Von den Abenteuern eines Sämanns

Kopieren, Nachempfinden, Stilisieren, Abstrahieren

Abb. oben: Vincent van Gogh, Der Sämann, 1889–90, Öl auf Leinwand, 81 x 66 cm, London

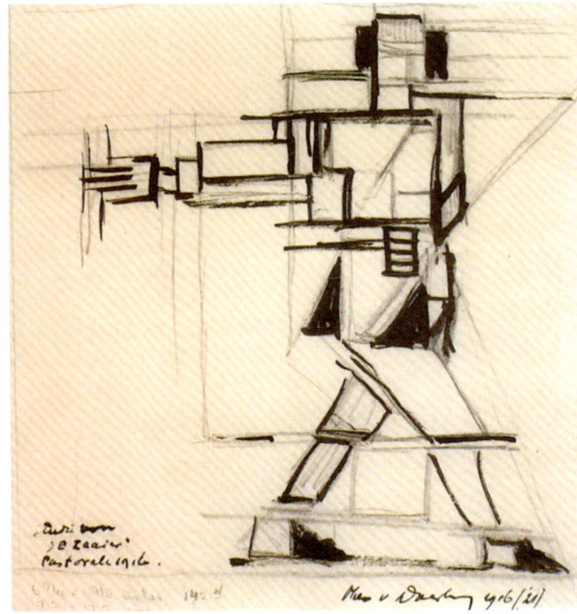

Abb. oben: Theo van Doesburg, Studien zu „Große Pastorale", 1921, Bleistift und Tinte auf Papier, Den Haag

Abb. links:
Le Rat, Der Sämann, 1850, Radierung nach dem Ölgemälde von Jean-François Millet

1921 erhielt **Doesburg** den Auftrag, Glasfenster für eine Landwirtschaftsschule zu entwerfen. Er suchte Motive und stieß dabei auf den „Sämann" von **van Gogh**, der ja eigentlich der Sämann von **Le Rat** war und der wiederum eigentlich der Sämann des Malers **Millet** war. Millet hatte das Motiv erfunden, Le Rat davon eine Radierung hergestellt. Die nahm van Gogh als Vorbild. Sein Ölbild ist trotzdem ein „echter van Gogh": Die Farbwahl und die deutlich sichtbaren, bewegten Pinselstriche sind seine „Handschrift".

?! **Durch diesen Druck von Le Rat lernte van Gogh das Motiv des Sämanns kennen. Es beschäftigte ihn immer wieder, und so entstanden schließlich 22 Zeichnungen und 7 Bilder.**

Abstrahieren: von lateinisch „abstrahere“ = weglassen

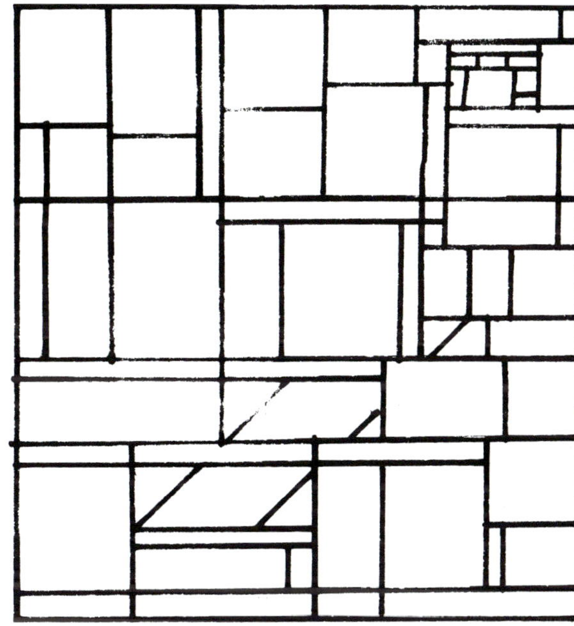

Theo van Doesburg träumte von Bildern mit einfachen geometrischen Formen, am liebsten nur mit Quadraten und Rechtecken. Dreiecke nur dort, wo sie unbedingt notwendig waren.

Alle Details, die ihm nicht wichtig waren, ließ er weg. Der Acker und der Hintergrund, die Tasche, die Details der Kleidung und des Gesichtes fielen seinem Formwillen zum Opfer.

Farbmischen kam auch nicht in Frage. Die Farben sollten nur ungemischte Grundfarben sein, die ohne Abstufungen die vorgesehenen Flächen füllten.

Dieser Reinigungskur wurde nun der Sämann unterworfen. In vielen Skizzen erarbeitete Doesburg seine Verwandlung.

Das fertige Bild wirkt auf unaufmerksame Betrachter wie ein unregelmäßiges Muster. Wir wissen es besser.

An dieser Zeichnung kannst du ausprobieren, wie der „Sämann“ aussehen könnte. Doesburg benutzte nur die Farben rot, blau, gelb, weiß, grau und schwarz. Das kleine Bild unten zeigt einen Bauern, der den Acker umsticht. Es ist das erste Bild der Serie von acht Bildern, der Sämann ist das zweite.

Abb. rechts: Theo van Doesburg, „Große Pastorale“, Detail aus dem Glasfenster, 1921–22, ca 70 x 70 cm, Landwirtschaftsschule Drachten

?!

84 Künstlerinnen
Verschiedene Formen der Abstraktion

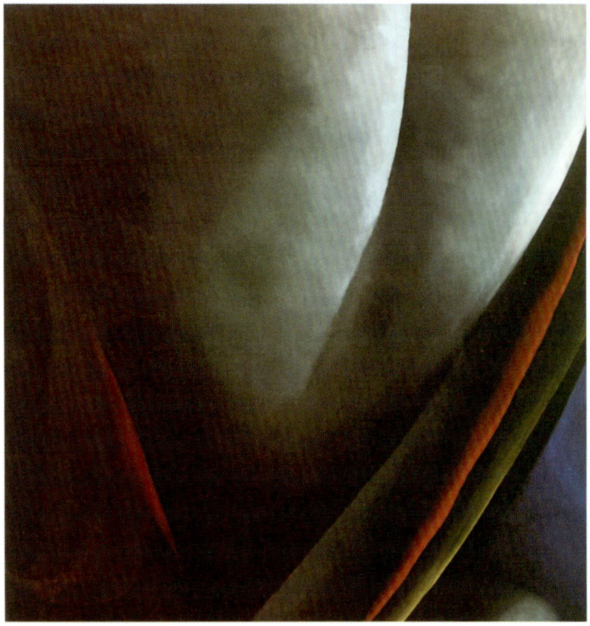

Auch wenn wir nur Strahlen sehen, erinnert uns **Natalia Gontscharowas** Bild an Baumstämme, Äste, Gestrüpp: einen Wald! Das Bild liegt in der Mitte zwischen einer Malerei, die Natur abbildet und gegenstandsloser Malerei, die uns nur freie Formen zeigt.
Die 1933 in Wien geborene Künstlerin Florentina **Pakosta** zeigt in ihren trikoloren Bildern das Zusammenspiel von drei Farben, die zueinander in bewusst gewählter Beziehung stehen.

Die heilige Marcia malt ihr Selbstporträt, Buchmalerei, 1403
aus: Boccaccio, Von berühmten Frauen

?! **In den meisten Kunstbüchern werden fast nur „männliche Künstler“ genannt. Künstlerinnen wurden auch lange nicht ernst genommen, egal, ob ihre Bilder besser oder schlechter waren als die ihrer männlichen Kollegen. Daher hier: zwei Seiten mit Bildern nur von Frauen.**

Aus einem dunklen Hintergrund wolben sich helle Formen mit weichen Farbübergängen. **Georgia Keefe** ging von Naturformen aus, die sie immer weiter reduzierte, bis nur noch gegenstandslose Formen übrig blieben.

Bridget Riley bringt unsere Seherfahrungen durcheinander, indem sie unseren Augen fein geschwungene Linien zeigt. Wenn man direkt vor dem Bild steht, können sich die Augen nirgends festhalten. Ihre Bilder wirken räumlich und gleich wieder flächig – schwindelerregend. Nicht schwindelerregend, aber schwebend wirkt **Nina Kogan**s Komposition. Sie baut ihre Bilder aus rein abstrakten, geometrischen Flächen auf. Über dem erdigen, horizontalen Boden schwebt ein rotes Rechteck. Es macht sich wichtig. Die länglichen kleineren Formen scheinen kreisförmig darum herumzutanzen.

Seite 84 – Abb. links oben: Natalia S. Gontscharowa (1882–1962), Rayonistische Landschaft – der Wald, 1913, Öl auf Leinwand, 130 x 97 cm, Sammlung Thyssen-Bornemiza
Abb. links unten: Florentina Pakosta (*1933), Ohne Titel, Teil einer Einfriedung, 2008, Acryl auf Leinwand, 45 x 65 cm, Privatsammlung, Wien
Abb. rechts oben: Georgia O'Keefe (1887–1986), Abstraktion, 1920, Öl auf Leinwand, 781 x 61 cm, Sammlung Thyssen-Bornemiza
Seite 85 – Abb. links oben: Bridget Riley (*1931), Zing 1, 1971, Emulsion auf Leinwand, 101 x 89 cm, Privatsammlung, Schweiz
Abb. rechts oben: Nina O. Kogan (1887–1942), Suprematistische Komposition, 1920, Öl auf Leinwand, 58 x 37 cm, Sammlung Thyssen-Bornemiza

So richtig durchsetzen konnten sich Künstlerinnen gegen Ende des 20. Jhs. Die *Guerilla*-Girls aus New York gehörten zu den lautesten Kämpferinnen.

?!

Art Informel
Wild und fremd

Was man sieht: schwarze und graue Farbschichten, Spritzer, Linien.

Wie es gemacht wird: Die Farbe wird spontan und schnell auf die Leinwand aufgetragen. Unkontrollierte, zufällige, unwiederholbare Spuren entstehen.

Warum es so aussieht: Diese Kunst will Gefühle zeigen. Subjektive, heftige Empfindung wird ohne vorherige Bildplanung direkt umgesetzt. Kraft-Energie-Bewegung beim Malvorgang wird sichtbar.

Abb. oben: Günter Brus, Schwarz auf Weiß, 1961
Abb. links: Jackson Pollock beim „Tröpfeln", 1950

?!

Art Informel: abstrakte (gegenstandslose) Kunstströmung in Europa nach 1945, die durch schnelle, heftige Pinselstriche innere Bewegung zum Ausdruck bringen wollte. In den USA wurde diese Art zu malen Action Painting oder Abstrakter Expressionismus genannt.

Pop Art
Bunt und vertraut

87

Was man sieht: Marilyn Monroe lächelt uns aus einer Serie in unterschiedlichen Farbvariationen an.

Wie es gemacht wird: Mit Hilfe des Siebdrucks wird eine Fotovorlage vervielfältigt. Die Farben können unabhängig voneinander nach Belieben verändert werden. Durch absichtlich ungenaues Arbeiten kommt es zu verschobenen Flächen und neuen Konturen.

Warum es so aussieht: Die Kunst soll den Alltag zeigen. Die Welt des Konsums mit ihren Waren und Superstars ist schön und bildwürdig: grelle Bilder für junge Menschen.

Andy Warhol, Marylin, Siebdrucke aus einer Mappe von zehn Arbeiten, 1967. © The Estate and Foundation of Andy Warhol/VBK, Wien

Pop Art: „Populäre" (volkstümliche) Kunstströmung in den USA und GB der 50er- und 60er-Jahre des 20. Jhs., die alltägliche Motive zur Kunst erhebt.

?!

88 Bewohnbare Krokodile und …

Architektur spielt viele Rollen

Das „Krokodilhotel" muss in den Prospekten der Reisebüros auffallen, das Bürogebäude in der Stadt muss sich von der „langweiligen" Umgebung deutlich unterscheiden. Nach außen sagt der Bau: Hier hat man Weitblick und Visionen.

Abb. oben: Kakadu National Park, Australien. Hotelanlage um 1990
Abb. unten links: Frank Gehry, Binoculars Building, Los Angeles/USA, 1985. Das Fernglas wurde von Claes Oldenburg und Coosje van Bruggen gestaltet.
Abb. unten rechts: Jure Kotnik, Conehouse 2+. Wochenendhaus aus zwei Containern. Ein Container ist 2,44 m breit, 2,59 m hoch und 6,06 m lang.

Warum baut ein Architekt ein Hotel in der Form eines Krokodils und ein anderer ein Bürogebäude mit einem Fernglas als Einfahrt? Bauwerke müssen nicht nur für trockene Räume sorgen, sie müssen auch für ihre Besitzer werben.

?!

Container-Architektur: Seit 1956 ist der Container das weltweit standardisierte Transportmodul. Dreißig Millionen von ihnen sind auf den Weltmeeren unterwegs. Architektinnen und Architekten, Künstlerinnen und Künstler funktionieren sie zu mobilen Wohnungen, Bauhütten, Geschäften, temporären Schulen oder auch begehbaren Skulpturen um.

... Architektur für zwei Stunden

Wie bekomme ich möglichst viele Menschen in mein Kino oder in meine Oper? Ich lasse mir ein Gebäude bauen, das einen spannenden Abend verspricht. Das Kinozentrum in Dresden hat außen eine auffallende Hülle und innen abwechslungsreiche Treppenanlagen zum Spazierengehen.

Damit auch bei großen Konzerten oder Freiluftbühnen die Besucher/innen ein unvergessliches Erlebnis haben, wird mit Licht, Architektur und Projektionen ein spannendes Bühnenbild geschaffen.

Abb. oben: COOP Himmelb(l)au, Kinozentrum in Dresden, 1999
Abbildung rechts: Johannes Leiacker, 50 m breites und 20 m hohes Auge, Bühnenbild für Puccinis Oper „Tosca", Bregenzer Festspiele 2007 und 2008; Im Frühjahr 2008 fanden auf der Seebühne auch Dreharbeiten für den James-Bond-Film „Ein Quantum Trost" statt.

Die Bregenzer Festspiele finden auf der weltweit größten Seebühne statt. Das Festival ist bekannt für die schöne Kulisse des Bodensees, überdimensionale Bühnenbilder und eine einzigartige Akustik. Rund 1.500 Mitarbeiter/innen sind während der Sommermonate beschäftigt. Puccinis Oper „Tosca" sahen über 300.000 Zuschauer/innen.

?!

Kunstabenteuer
Die Welt jeden Tag neu sehen

Abb. oben und Mitte: Knowbotic Research, Spaziergang durch einen Datenraum, Installation und Internet Interface, Hamburg 1995
Abb. unten, J.&L. Wilson, Normapath, Installation, London 1995

Neue Medien haben Künstler/innen schon immer interessiert. Meist sind sie sogar unter den Ersten, die damit experimentieren. Aber auch mit Hilfe der alten Medien (Plastik, Malerei, Fotografie usw.) finden sie immer wieder neue aufregende Lösungen.

Abb. oben rechts: Jeff Wall, Der Kanal, Foto, 229 x 289 cm, 1989
Abb. unten links: Jessica Strockholder, Slab of skinned water, cubed chicken & white sauce, Installation, Oslo 1997
Abb. unten rechts: Jason Rhoades, Deviations in space, Installation, Nizza 1997

?!

Künstler/innen haben auch das Internet schon früh für sich entdeckt. Im Internet arbeiten sie international zusammen und präsentieren ihre Werke. Die Gestaltung von Internetauftritten und Homepages bietet auch ein neues Arbeitsfeld .

Neue Medien

Kunst kannst du überall finden

Künstler/innen führen einen harten Kampf um die Aufmerksamkeit der Öffentlichkeit.
Daher arbeiten viele von ihnen nicht mehr nur im Atelier und malen dort Bilder für Galerien und für die Wände der Wohnzimmer. Sie versuchen ihre Arbeit zu einem Bestandteil aufregender „Events“ zu machen. Große raumfüllende Gestaltungen, „Installationen“, beziehen alle modernen technischen Möglichkeiten mit ein.
Sie treten in Konkurrenz zu Kino, Konzert und laden oft auch zur Mitarbeit ein.

Abb. oben links: Elisabeth Peyton, Jake Chapman, 1995, Öl auf Leinwand, 43 x 36 cm
Abb. oben rechts: Janine Antoni, Mom and Dad, 1994, Mutter, Vater und Makeup, je 61 x 51 cm, Fotos
Abb. unten links: Tony Oursler, Criminal eye, Installation mit Videoprojektionen, München 1996
Abb. rechts unten: Jeffrey Shaw, The Legible City, Interaktive Installation, 1998

Immer wieder erforschen Künstler und Künstlerinnen die Welt von Neuem und auf immer wieder neue Art. Mit dem Ausstellen ihrer Arbeiten laden sie uns ein, ihnen zu folgen.

?!

92 Zum Schluss wird …

Vincent van Gogh, Das Schlafzimmer in Arles, 1888

Joan Miró, Lied der Nachtigall um Mitternacht, 1940.

?!

Immer wieder setzen sich Künstler/innen mit den Werken früherer Kolleginnen und Kollegen auseinander. Sie verwandeln die vorhandenen Bildlösungen durch Veränderung der Farben und Kompositionen. Oft überarbeiten sie Bilder bis zu ihrer Unkenntlichkeit.

... aufgeräumt

Pieter Bruegel, Kampf zwischen
Karneval und Fastenzeit, 1559

Der Schweizer Ursus Wehrli, geb. 1969, räumt gründlich mit der Kunst auf.
Er macht Van Goghs **Schlafzimmer** sauber (es wurde seit 1888 nicht mehr geputzt), macht Schluss mit dem Durcheinander in Mirós **Lied der Nachtigall um Mitternacht** und fegt den Dorfplatz aus Pieter Bruegels **Kampf zwischen Karneval und Fastenzeit** leer.
Bilder zum Aufräumen bietet er auch im Internet an.
http://www.kunstaufräumen.ch

Ordnung muss sein!

?!

Wer, Was, Wo?

?!

?!

Woher die Bilder kommen

Cover; Kunstbuch zum Weitermachen (Fingeralphabet): Tlusťa – Wikimedia Commons • 4 (li.): Modestil – Fotolia.com • 4 (re. o.): Höfer Sandra – Wikimedia Commons • 4 (re. u.): Li-Bro – Fotolia.com • 5: Mizuno Ryo, Natsumoto Masato: Record of Lodoss War, Hamburg 2000 • 6: Bayerische Staatsgemäldesammlungen, Alte Pinakothek • 6: FLEX: November 2002 • 6: Gröning: Geschmückte Haut, Eine Kulturgeschichte der Körperkunst, München 1997 • 6: Mambos: Digital Beauty, 2003 • 6, 7: Der Spiegel 41/2002 Hamburg • 7: Antikensammlung im Pergamonmuseum, Staatliche Museen zu Berlin • 7: Chris Cole: Eurosport, 1997 • 7 (9): Click! 02.02.2015 • 7: National Gallery Publications 2000 • 8, 9 (re. Mi.), 22 (u.), 24, 25, 26, 27, 28 (re. u.), 31 (re. o.), 32, 33, 36, 38, 39, 43: Dernovsek Marco • 9: Miller Frank: Wolverine, Stuttgart 1992 • 9: Premiere World: Werbung • 9, 10, 11: Krapf Michael: Franz Xaver Messerschmidt, Wien 2003 •9, 21: Costantino Maria, Reid Aileen: Leonardo, Brompton Books Corporation • 9, 87: Klant Michael: Bildende Kunst 3, Hannover 1995 •10, 11: Albertina: Der dünne Schlaf, Ausstellungskatalog Wukounig, Klagenfurt 1991 • 10, 11: Gebr. König, Köln, Postkarten • 10, 11: Holzinger, München, Postkarten • 10, 11: Mercurius, Amsterdam, Postkarten • 10, 11: Österreichische Galerie: Katalog Josef Pillhofer, Köpfe, Wien 2002 • 10, 11: Clouded Tiger, London, Postkarten • 12, 13: Weyers Frank: Salvador Dali, Köln • 13, 14, 15, 18, 19, 20, 30, 38, 39, 42: Erbler Susanne • 13: Ars Edition: Buch Aktiv Box, München 1996 • 13: Berman Zeke: Goblet Portraits, 1978 • 13: Maddox Conroy: Salvador Dali, 1992 • 15: Könemann: Illustration, Rick Berry, Köln • 16 (li. o.): N.N. – Wikimedia Commons • 16 (li. u.): N.N. – Wikimedia Commons • 16 (re. o.): Frankfurter Allgemeine Feuilleton, 18.07.2013 • 17: China Travel: Wunderbares China, Köln 1998 • 17: Edition Traunfellner, Wien 1990 • 17, 76: Parkland Kunstgeschichte, Stuttgart 1975, Vom Mittelalter bis zur Gegenwart, Außereuropäische Welt • 21: Eichler Anja-Franziska: Albrecht Dürer, Köln 1999 • 21: Grewenig Meinrad: Leonardo da Vinci, Wien 1996 • 21: Merian Matthäus: Welt der Tiere, Augsburg 1990 • 21: Reitwagen 10/02: Kiska Group, Designstudie • 22: Fleurus: Dein Wörterbuch des Fantastischen, Saarbrücken • 22: Hagen Rosmarie und Rainer: Bildbefragungen, Köln, He Dominique: Das Siegel des Minotaurus, Carlsen 1985 • 22: Koch Ulrich: Labyrinthe, München 1984 • 23: Ars Edition: Die Große Rätsel-Box, 1996 •23: Felzmann, Weidinger: Geometri¬sche Bilder 3, 2001 • 23: Rygl Tomas: Panoramakarte Wien, ATP Jihlava 1998 • 24 (re. o.): images.zeno.org – Wikimedia Commons • 24: Musei Vaticano: Die Sixtinische Kapelle, Roma, 1995 • 28: Taschen Benedikt: M.C. Escher, Köln 1993 • 29: Paquet M.: Magritte, Köln 1992 • 29, 33: Gerstenberg: Visuelle Geschichte der Kunst, Hildesheim 1999 • 30: Beck Josef: Selects 8, Buenos Dias Bildagentur, Wien • 30: Lambert Gunther: Wohn-Kochrezepte, Mönchengladbach • 30: Olivieri: Möbelwerbung, Rimini • 31: Bfi Wien: 2001 • 31: Profil. 2001 • 31: TV Media: Cover, Tulln 2002 • 31: Viennale 00, Filmstill: Retrospektive „Blacklisted"• 32, 33: Wolf Norbert: Malerei der Romantik, Köln 1999 • 32: Könemann: Italienische Malerei, Köln 1998 • 33: McFarlane Todd, Miller Frank: Spawn Batman, Image Comics, New Line Productions, 1994 • 34, 35: Sutton Grace: Porträt Roy Lichtenstein, Köln 1993 • 34, 35: Tufte Edward R.: Envisioning Information, Cheshire, Connecticut 1990 • 36: Busch Wilhelm: Max und Moritz • 36: Miller Frank: The Big Fat Kill, Dark Horse Comics, Milwaukie 1996 • 36: Waterson Bill: Calvin und Hobbes, Frankfurt am Main 1994 • 37, 67: Miller Frank, Klaus Janson: Elektra Saga, Stuttgart 1992 • 40, 41, 64, 65: Wolf Manfred • 40: Franz Josef: Linoldruck für Einsteiger, Augsburg 1998 • 41: dtv-Lexikon der Kunst, Band 4, München 1971 • 41: Koschatzky Walter: Die Kunst der Graphik, Salzburg 1977 • 44: Acclaim: Shaddow Man 2, Acclaim Studios Teeside, 2001 • 44: Darrow Geof, Miller Frank: Hard Boiled, Dark Horse Comics, Milwaukie 1992 • 44: Disney, Pixar: Die Monster AG, Disney Enterprises Inc. • 44: Giger H.R.: Arh+, Köln 1991 • 44: Lambert Gilles: Caravaggio, Köln 1991 • 44: Studio Brunner, Krems • 45, 47: Prette Maria Carla, Giorgis Alfonso: Was ist Kunst?, Klagenfurt 1999 • 45, 66: Buchholz Elke Linda: Goya, Köln 1999 • 45, 66: Prestel: Fotografie!, München 1999 • 45: Bosing Walter: Hieronimus Bosch, Köln 1987 • 45: Hoffmann Dr. Heinrich: Der Struwwelpeter, Erlangen • 45: McFarlane Todd: Spawn, Image Comics, New Line Productions, 1993 • 45: Uebe Ingrid: Vampirgeschichten, Bindlach 2000 • 45: Warhol Andy: Death and Disasters, The Menhil Foundation, Houston 1988 • 46 (re. u.): Woessner Wolfgang /MAK • 46, 47, 86: Museum Moderner Kunst in Wien, Ausstellungs¬katalog, 1989 • 46, 47: Museum Moderner Kunst, Sammlung Hahn: Katalog, Wien 1979 • 46: Sammlung Essl, the first view, Köln 1999 • 47: Lexikon der Kunst, Erlangen 1994 • 47: The Museum of Contemporary Art, Los Angeles: Helter Skelter, Ausstellungskatalog, 1992 • 48, 51, 73, 74, 75: Toman Rolf: Die Kunst des Barock, Köln 1997 • 48 (Transparentblatt), 49 (o.), 50 (Bastelbogen), 51, 70, 71, 74, 83, Kunst in Österreich: Dabringer Wilhelm • 49: UNESCO: Krieg und Frieden im Spiegel der Kunst, Luzern 1973 • 50: Jackson Paul. POP-UP, München 1996 • 51: Defner Verlag, Igls: PK • 51 (li. u.) : N.N. – Wikimedia Commons • 51 (u. Mi.): blackcat – Wikimedia Commons • 52: Werdin Undine, Werkstattbuch Gips, München 2001 • 53: Gelitin, mit freundlicher Genehmigung • 54 ,55: Schwöbel Heidi: Keramik, Falken Verlag 1998 • 54, 55: Beranek Daniela • 56: Stimm Thomas • 56/57, 68: art Kunstmagazin, Hamburg, 12/02, 9/02 • 57 (li. u.): Kunstpostkarte, Kunst-Verlag Reisser, Wien • 57: Rogiers Peter • 58, 59: Weibel Peter: Erwin Wurm, Graz 2003 • 58 (li. und re. unten): Zajic Wolfgang – in: Erwin Wurm, DuMont 2009. S. 100, 139, 273 • 59 (re. o.): Semotan Elfi – Sticker Middelheim Museum Antwerp (Ausstellungsankündigung Erwin Wurm 29.05.–25.09.2011) • 60: Mercedes- Benz: Firmenprospekt 2002 • 60: Visa Magazin, Wien 4/02 • 60: Vitra Design Museum: 100 Masterpieces, Weil/Rhein 1995 • 61: Beranek Ernst • 61: INVACARE: Programm 2003 • 61, 68: Die Zeit, Hamburg, 13/02, 40/02 • 62, 63: Booth-Cliborn: The Sneaker Book, London 1998 • 66: Gaultier Jean Paul, 1999 • 66: Playboy's Calender Playmates, Chicago 1992 • 66, 67: Avedon Richard, München 1998 • 66, 67, 71: Hagen Rose-Marie: Bildbefragungen, Köln 1993 • 67: Core Design: Lara Croft, 1996 • 67: Sport Magazin: 4/2002 • 67: Twentieth Century Fox und Paramount Pictures: Titanic, 1999 • 67: Kunst aus Österreich 1896–1996, München 1996 • 67: Stadler Wolfgang: Bildhauerkunst, 1996 • 67, 73, 32: Könemann: Die Kunst der italienischen Renaissance, Köln,1994 • 67, 87: Krauße Anna-Carola: Geschichte der Malerei, Köln 1995 • 69: Jaritz Johann – Wikimedia Commons • 69 (Luftbild): Museum Liaunig • 70, 71: Frayling Christopher u. Helen, Ron van der Meer: Das Kunst Paket, München 1993 • 71 (re. u.): Grosenick Uta, Woman Artists, Taschen Verlag • 72: Gerstenberg: Renaissance, Hildesheim 1999 • 72: Toman Rolf: Die Kunst der italienischen Renaissance, Köln 1994 • 73: SV International: Flämische Malerei, Zürich 1989 • 74: Schönbrunn Betriebsges.m.H. • 74: Speltz Alexander: Der Ornamentstil, Berlin 1906 • 75: Lorenz Helmut: Barock, München 1999 • 76, 77: Boesner Produktkatalog, Wien 2003 • 77: Belser Stil¬geschichte, Band VI, Stuttgart 1993 • 77: Österreichische Galerie, Wien • 77: Wundram Manfred: Die berühmtesten Gemälde der Welt, Bergisch-Gladbach 1976 • 78: Bernhard Marianne: Die Wiener Ringstraße, Wien 1992 • 78: Zerbst Rainer: Antoni Gaudi, Köln 1987 • 79: Koller-Glück: Jugendstil rund um Wien, Wien 1985 • 79 (Mi. re. o.): Praefcke Andreas – Wikimedia Commons • 79 (Mi. re. u): Valueyou – Wikimedia Commons • 79 (re o.): stevecadman – Wikimedia Commons • 79 (re. u.) colros – Wikimedia Commons • 80 (li. o.): Jugend, 2.10.1897, G. Hirth's Verlag • 80 (li. u.): Dalbéra Jean-Pierre – Wikimedia Commons • 80 (re.): The Yorck Project – Wikimedia Commons • 81: Elger Dietmar: Expressionismus, Köln 1994 • 81: Elsen Albert: Purposes of art, New York 1962 • 82: Bernard Bruce: Van Gogh, Stuttgart 1992 • 82, 83: Warnke Carsten: De Stijl, Köln 1990 • 84: Thumberger Manfred, in: Florentina Pakosta. Leykam 2013. S. 89 • 84: Walther Ingo: Codices Illustres, Köln 2001 • 84, 85: Budde Ulrike: 80 Meisterwerke der Sammlung Thyssen-Bornemisza, Wien 1988 • 85: Maler, Sammelwerk, B. Riley, Hamburg 1987 • 86 (u.): Namuth Hans, 1950 • 88 (o.): Tourism NT – Wikimedia Commons • 88 (li.): YaGeek – Wikimedia Commons • 88 (re.): NRW-forum Düsseldorf • 89: Zeitpunkte: Bauen für das 21. Jh., Hamburg 1999 • 89 (re. o. und u.): Bregenzer Festspiele/Karl Forster • 89 (re. Mi.): Bregenzer Festspiele/Christian Grass • 90, 91: Riem¬schneider/Grosenik: Art at the turn of the millennium, Köln 1999 • 92, 93: Wehrli Urs: Kunst aufräumen, Zürich 2002

B-BRUMM...

KANN ICH AUCH!
KANNST DU NICHT!

Il. 784
Il. 785
Il. 786
Il. 787
Il. 788
Il. 789

AUGENAUF

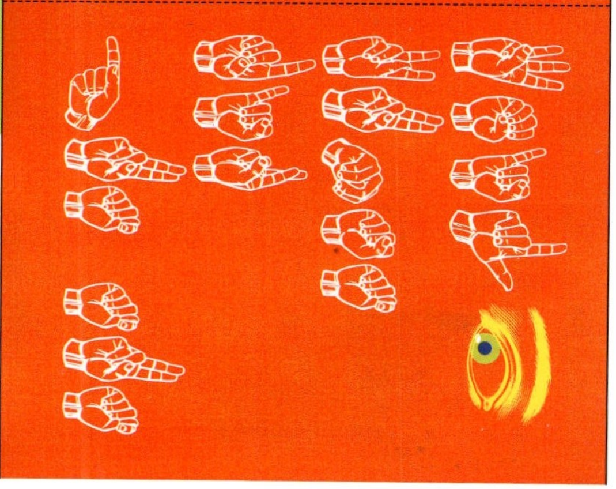

Fingeralphabet

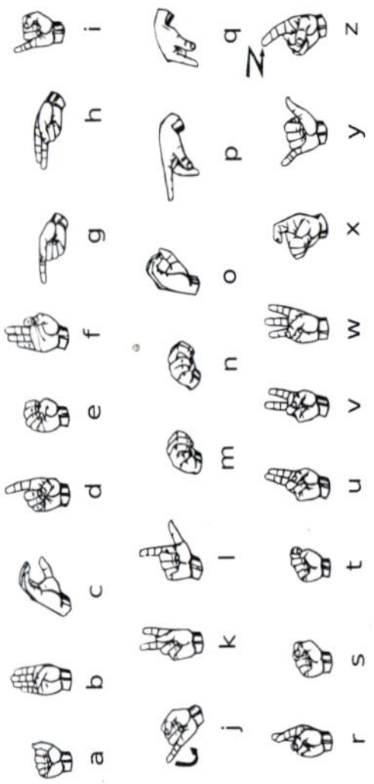

Bilder: Volker Brummig, Die Ted-Galerie, DuMont, Köln 1997 und 1999; MOTIF, Kunstkollektion 2003; Anthony Browne, Willi der Maler, Lappan Verlag, Oldenburg 2000

Das wachsende Kunstleporello zum Weitermachen!

Die drei Streifen an den durchgehenden Linien ausschneiden und an den Kleberändern zusammenkleben. Dieses Feld mit der Bastelanleitung mit einem Karton verstärken. Den langen Streifen zickzack falten und erweitern, wenn dir etwas einfällt oder wenn du etwas Lustiges findest.

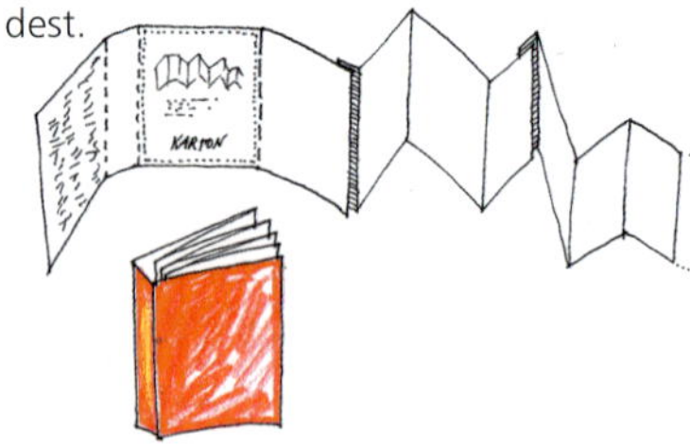

Kleberand

Kleberand